Sabine und Dietfrid Kranich

Die Welt in unserem Garten

Gesammelte gärtnerische und kulinarische Erfahrungen in Portugal

Zu den Autoren

Sabine und Dietfrid Kranich leben seit über 20 Jahren im ländlichen Algarve in Portugal, wo Dietfrid im Laufe der Zeit eine naturnahe, kleine Baumschule aufgebaut hat.

Bisher von Sabine Kranich erschienen:

- Das Quinta-da-Fortuna Buch, Kulinarisches, Tierisches und Botanisches aus unserer Wahlheimat Portugal
  ISBN 978-3735724441

- Susans Träume, ISBN 978-1537385334

- Die Tiere der Quinta erzählen Geschichten:

  Fenny, der Geist und die Eule, ISBN 978-3738609127
  Miss Kitty, die Hundebändigerin,
  ISBN 978-3738636338

Sabine und Dietfrid Kranich

Die Welt in unserem Garten

Gesammelte gärtnerische und kulinarische
Erfahrungen in Portugal

*Bibliografische Information der Deutschen Nationalbibliothek:
Die Deutsche Nationalbibliothek verzeichnet diese Publikation in der Deutschen Nationalbibliografie; detaillierte bibliografische Daten sind im Internet über http://dnb.dnb.de abrufbar.*

© 2016 Sabine und Dietfrid Kranich
www.quintadafortuna-pt.info
alle Rechte vorbehalten

Illustration/Cover: Sabine Kranich
Fotos: Sabine Kranich, Dietfrid Kranich

Herstellung und Verlag: BoD – Books on Demand, Norderstedt

ISBN: 978-3-7431-4332-6

Für alle, die Pflanzen, Tiere und Portugal mögen.

Inhaltsverzeichnis

Vorwort	8
Gärtnern im Algarve	10
Was Pflanzen brauchen	15
Das Gartenjahr im Algarve	19
Mandelblüte im Algarve	22
Jahrestabelle für Gartenarbeiten	26
Der Tiger im Dschungel	27
Grüne Oase in Faro	34
Einzelne Elemente der Gartengestaltung	37
1) Palmen	37
2) Heckenpflanzen	44
3) Blühende Bäume für den Algarve-Garten	54
Exkurs: Jacarandas-blau-lila Schönheiten	58
4) Obst- und Fruchtbäume	62
Die japanische Wollmispel mit Rezepten	69
Der Granatapfelbaum und seine Früchte	78
Der Maulbeerbaum	87
Medronheiro, der Erdbeerbaum aus Portugal	94
Der Johannisbrotbaum	101
Die Ziziphus Jujuba oder chinesische Dattel	107
5) Pflanzen mit tropischen Früchten	115
Pitanga und Zitrone	119
6) Gesunde Kräuter	126
Brennnesseln für Einsteiger	130
Selbstgemachte Kräutertees	137
Jiaogulan, die Pflanze des ewigen Lebens	146
Blumentopfbrot selbst backen	153

Anbau im eigenen Garten	157
Die Süßkartoffel mit Rezepten	162
Das Weihnachtsfest und seine Symbole	168
Aloen, die Lilien der Wüste	171
In der Weihnachtsnacht können Tiere sprechen	176
Weihnachten in Portugal	180
Die Esskastanie mit portugiesischen Rezepten	180
Rezept für Bolo Rei (Königskuchen)	193
Alles über Portwein	194
Alles über Vinho Verde	202
Über uns	210
Der Naturpark Ria Formosa	210
Unsere Baumschule	216
Unsere Farm	222
Kontakt	223

Vorwort

Vor über 20 Jahren sind wir „ausgewandert" und in Portugal „eingewandert". Mit dabei waren ein Pickup und ein Wohnwagen, in dem unsere beiden deutschen Hauskatzen Bessy, eine rote Tigerin und Lucy, eine graue Perserkatze, untergebracht waren. Hinter den Sitzen in der Pickup-Kabine reiste Lisa mit, unsere Landseerhündin. Wir wussten wohin wir wollten, auf unsere kleine Farm im Algarve, die wir frohgemut „Quinta da Fortuna" getauft hatten. Hier wartete Leila, eine Lusitanostute, bereits auf uns, die wir von den Vorbesitzern übernommen hatten, und ansonsten eine ebenerdiges, renoviertes Farmhaus mit einem neueren Teil und dort zwei Gästezimmer im ersten Stock. Es gab Platz für Pferde, Hunde, Katzen und Menschen und es gab für deutsche Verhältnisse viel Platz davon. Ansonsten sah es ein kleines bischen aus wie auf dem Mond. Gut, zwei kleinere Phoenixpalmen standen hier, zwei kleinere Yuccas und einige Bäume, die auf dem portugiesischen Land oft anzutreffen sind: Johannisbrotbäume, Mandel- und Olivenbäume nebst einigen Wollmispeln. Und dann war da immer noch viel Platz ohne Schatten und ohne Bepflanzung. Dafür hatten wir einen grandiosen und ungehinderten Meerblick.

Dietfrid hat das nicht lange ausgehalten, war er doch schon damals in der Waldorfschule ein kleiner begeisterter Gärtner. Und was damit begann, Samen von verschiedenen Pflanzen aus aller Welt zu sammeln und zu bestellen, die Pflänzchen hochzuziehen und viele davon auszupflanzen, hat dazu geführt, dass wir nun zwar keinen ungehinderten Meerblick mehr haben, aber dafür schattenspendende Bäume und Büsche aus der ganzen Welt, die auch im Hochsommer für ein angenehmes Klima sorgen und im Wind des übrigen Jahres rauschen. Unser Grundstück ist weithin sichtbar mit der nun mehr großen Bepflanzung der etwas anderen Art: Palmen; Bäumen mit zeitweilig schönen Blüten; Bäumen und Büschen mit exotischen und einheimischen Früchten; Bäumen, die im Wind singen; Bäumen, die laubabwerfend sind und immergrünen; Bambus; indisches Rohr und sogar einige Bananenstauden. Nicht zu vergessen die Pflanzen, die von Anfang da waren und jetzt schon richtig groß sind. Eine rote Bougainvillea hat einen Mandelbaum erobert und Wandelröschen und Morning Glory geben sich an anderer Stelle gegenseitig Farbe. Die Hühner haben „Karibikfeeling" und scharren in ihrem großen Areal unter ebenfalls großen Coco do Jardim Palmen. Die stehen neben Maulbeerbäumen, einer davon mit den extra großen Blättern, damit es die Hühner auch in der Sommerhitze schön kühl haben. Daneben reifen Zitronen am Zitronenbaum und einige Orangen am Orangenbaum.

All diese Pflanzen haben auch Tiere angelockt, vor allem Vögel und trotz unserer Katzen trällert manchmal die Nachtigall, Eichelhäher imitieren das Miauen der Katzen und nachts kommen gelegentlich Käuzchen oder Eulen vorbei und die wiederum sorgen dafür, dass wir keine unwillkommenen Nagetiere haben.

In diesem Buch haben wir unsere Erfahrungen und Interessen zusammengefasst, es ist eine hoffentlich kurzweilige Sammlung mit Tipps für mediterrane Gärten (von Dietfrid Kranich) und Rezepten und anderen interessanten Dingen (von Sabine Kranich) daraus geworden. Alles was Dietfrid geschrieben hat, ist in dieser

Schriftart gedruckt und alles was Sabine beigetragen hat in dieser. **Und nun viel Spaß beim Lesen!**

Gärtnern im Algarve

Es sollte Vergnügen und Freude bereiten, wenn der Gartenbesitzer sich in seinem vertrauten Garten aufhält. Jede Pflanze ist ihm bekannt, er weiß, wann sie blüht oder die leckeren Früchte reif sind. Im Garten sind schattige Plätze vorhanden, die vor der brennenden Sonne schützen, jedoch auch freie Flächen, wo z.B. die Gartenparty in den Nachtstunden stattfindet. Es stimmt: „Der Garten ist im Algarve das erweiterte Wohnzimmer".

Leider sieht die Realität oft anders aus. Teuer angelegte Gärten werden in kürzester Zeit „unschön" und der Gartenbesitzer ist irgendwie unzufrieden.

Die Gartenliebhaber, die da und dort ihre Pflanzen kaufen und viel Zeit und Geld investieren, um Mangos, Avocados, Papaya und Zitrusbäume im Garten zu platzieren, wundern sich oft, warum es nicht so recht gelingt. Es ist halt so, Pflanzen stellen ihre Bedingungen an Boden, Temperatur, Wassermenge, Luftfeuchtigkeit, Licht und Schatten, Windschutz und Nährstoffe. Und die Bedingungen sind für jede Pflanze unterschiedlich.

Die besten Tipps für die Pflege der Pflanzen habe ich aus den Büchern für „Kübelpflanzen."

Fast alle aufgeführten Pflanzen gedeihen hier im Algarve ganzjährig im Freien und nicht nur in Kübeln, sondern gepflanzt im Garten. Lernen können wir auch davon, wenn wir andere Gärten, Parkanlagen, Alleebepflanzungen und Baumschulen studieren.

Aber auch bei Spazierfahrten in die Serra können wir sehen, was am Straßenrand gedeiht, ohne Düngung und ohne zusätzliche Bewässerung. Bei der Gelegenheit können wir Samen von Bäumen und Sträuchern sammeln oder evtl. einen Ableger in unseren Garten mitnehmen.

Bevor ich über Gärten schreibe, möchte ich versuchen zu klären, was ein Garten ist:

Es ist ein umgrenztes Gebiet, meist in Nähe eines Gebäudes, mit Blumen, Büschen und Bäumen, evtl. auch mit Rasen. Speziell wird unterteilt in Blumengarten, Kräutergarten, Obstgarten, Wassergarten, Bambusgarten, Steingarten, Kakteengarten und vieles mehr.

Entweder wir entscheiden uns für eine Art von speziellem Garten oder, was bei der Größe der meisten Grundstücke hier im Algarve sinnvoll ist, wir teilen unsere Gartenflächen auf in verschiedene Zonen: wie z.B. Nähe Haus die Zone für die Blumen, Schattenbäume, Palmen, Sitzgruppe mit Grillplatz; weiter entfernt vom Haus der Teich mit Schilf, Bambus und Steinblöcken. Noch weiter entfernt vom Haus die Obstbaumwiese oder Plantage und um alles herum – sofern möglich – eine Hecke als Windschutz, Sichtschutz, gegen Lärm oder auch als Ökostreifen für Gartenabfälle und vieles mehr.

Ist das Grundstück groß, darf die Hecke auch gern 2-3 Meter breit sein und bunt gemischt werden mit Oleander, Hibiskus, Guaven, Ficus, Rosen, Andenbeere und anderem. Aber auch eine Kakteenhecke ist originell.

Alle Überlegungen sollten mit den natürlichen Gegebenheiten Ihres Grundstücks übereinstimmen. Es erleichtert den gärtnerischen Erfolg, wenn wir mit der Natur und nicht gegen die Natur arbeiten.

Das mediterrane Klima im Algarve ist einfach phantastisch. Es veranlasst Urlauber hierher zu kommen und manch einer bleibt für immer hier, um im sonnigen Süden zu leben.

Im Prinzip sind die Sommer heiß und trocken und die Winter mild und feucht. Da wir jedoch atlantisches Klima mit zum Teil sehr hohen Windgeschwindigkeiten aus allen Himmelsrichtungen haben, wird das normale Wetter durch absolut unberechenbare Störungen unterbrochen. In den 24 Jahren, die ich im Algarve lebe, habe ich schon Sturm mit über 100km/h erlebt, wobei es Dächer abgedeckt und Bäume umgerissen oder zerteilt hat, und Hagelkörner, so groß wie Kieselsteine, der alle großen Blätter durchlöchert haben. Alle Bananenstauden, Gummibäume, Mangos u.a. waren bis zum Neuaustrieb erst einmal unansehnlich geworden. Es waren auch drei Monate Dauerregen darunter, bei dem sich jede Senke in einen Tümpel verwandelte, und Frosteinbrüche bei starkem Nordwind mit –5 Grad C, bei denen sich meine exotischen Pflanzen verabschiedet haben. Am schlimmsten fand ich jedoch den ausbleibenden Winterregen mit riesigen Waldbränden im darauffolgenden Sommer. Portugiesen sagten mir, dass im Algarve zu jeder Jahreszeit jedes Wetter möglich ist. Wichtig jedoch für den Gärtner ist: wir haben prinzipiell trockene Sommer und Regen im Winter. Meistens kommt der erste Regen Mitte September und zum letzten Mal regnet es dann ungefähr Mitte Mai. Die verbleibenden 3-4 Monate regenlose Zeit müssen wir bei der Gartengestaltung einplanen. Es gibt auch Pflanzen, die sich mit diesem Klima zurechtfinden. Meist kommen sie aus Gebieten mit Sommerdürre, wie z.B. aus Südafrika, Australien, Südamerika, Mexiko, Kalifornien, China und anderen Gebieten mit trockenen Sommern und nassen Wintern.

Wollen wir andere Pflanzen setzen, z.B. aus tropischen Gebieten, müssen die technischen Möglichkeiten für das Überleben der Pflanzen geschaffen werden. Das bedeutet, es muss bewässert und die Luftfeuchtigkeit muss erhöht werden. Das ist in Plantagen der Fall, an Mauerecken oder bei einer dichten Bepflanzung, umrandet von einer Windschutzhecke, und natürlich auch im Gewächshaus.

<u>Der Boden:</u> Jede Pflanze braucht Wasser und Nährstoffe, die sie über ihre Wurzeln aufnimmt. Ferner sollen die Wurzeln der Pflanze Halt geben, damit sie nicht beim kleinsten Sturm umfällt oder bei Dauerregen, wenn die Erde nur noch Matsch ist.

Im Prinzip ist jeder Boden für die Pflanzen geeignet, außer unterirdische, geschlossene Felsenplatten, bei denen die Wurzeln nicht in die Tiefe gehen können.

Lehmboden speichert lange die Feuchtigkeit und gibt der Pflanze guten Halt. Nachteilig ist es bei Lehmböden, dass die Pflanzen recht langsam wachsen.

Graben wir ein entsprechendes Pflanzloch und füllen es mit Humuserde, wächst die Pflanze wesentlich schneller, hat aber weniger Halt und bei Dauerregen läuft das Pflanzloch voll Wasser und bleibt dort unter Umständen über Wochen darin stehen. Als Folge davon verfaulen die Wurzeln.

Wer Zeit hat, seine Pflanzen langsam wachsen zu sehen, pflanzt in Lehm, mit etwas Sand und Humus gemischt und umgibt sie mit einer dicken Mulchschicht. Die Mulchschicht kann aus Laub, Stroh, Kompost, Rinde, Holzhäcksel oder Mist bestehen. Es ist einfach jedes organische Material geeignet, das unter Einfluss von Feuchtigkeit und Wärme verrottet und seine Nährstoffe an die Wurzeln abgibt. Die Regenwürmer, die sich im Lehmboden wohlfühlen, machen für uns die Arbeit der Bodenbelüftung und transportieren den Humus in die Tiefe.

Sandboden hat den Vorteil, dass die Wurzeln sehr rasch wachsen, dass Wasser leicht eindringt, dass keine Staunässe entsteht und – im Gegensatz zu Lehm -, dass es eine Leichtigkeit ist, Pflanzlöcher vorzubereiten. Nachteilig ist es, dass die neu gesetzten Pflanzen weniger Halt haben als im Lehm, Wasser nicht so lange gespeichert wird und wenige Nährstoffe im Sandboden vorhanden sind. Pflanzen wir in Sandboden, ist es gut, organisches Material mit unterzugraben, wie z.B. Torf, Kokosfasern oder Pinienrinde. Wir können auch Lehmerde mit zusetzen, um die Speicherfähigkeit des Bodens zu verbessern. Als Abdeckung für das Pflanzloch ist wieder eine Mulchschicht aus organischem Material angebracht, um zum einen die Verdunstung des wertvollen Gießwassers zu verringern und zum anderen, um der Pflanze Nährstoffe zuzuführen.

Steinige Böden sind meistens generell für Bäume und Sträucher sehr geeignet. Sie bieten der Pflanze Halt, geben wertvolle Mineralien an die Wurzeln ab, speichern Wärme und evtl. auch Wasser. Nur ist das Arbeiten im Steinboden mühsam. Da Steinböden von ihrer Qualität her sehr unterschiedlich sind, kann nur vor Ort entschieden werden, was darauf wächst. Das Beste ist, wir schauen uns in der Nachbarschaft um, was in den Gärten dort gedeiht und können Rückschlüsse auf die Inhaltstoffe des Bodens ziehen, wie z.B. ob das Gestein sauer oder alkalisch ist. Auch bei Steinboden ist mulchen vorteilhaft, um das Bodenleben anzuregen und der Pflanze Nährstoffe zuzuführen.

Es ist viel Wissen und Erfahrung nötig, damit man in seinem Algarve-Garten „alles richtig" macht und es wird dennoch nicht vollständig gelingen. Ein schöner Garten entsteht nur durch jahrelange, liebevolle Pflege und nicht nur durch eine noch so teure Anpflanzung.

Was Pflanzen brauchen

Jeder, der im Algarve ein Haus hat, möchte einen schönen Garten sein Eigen nennen, da die klimatischen Bedingungen es erlauben, dass wir die meiste Zeit im Freien verbringen können. Der Garten in Portugal ist das erweiterte Wohnzimmer. Neben einer guten Gartengestaltung, in der Grünflächen, Bäume, Büsche und Blumen so angeordnet sind, dass der Gartenbesitzer sich wohlfühlt und Ruhe und Erholung findet, ist der Standort der einzelnen Pflanzen für das Gedeihen entscheidend.

Hier im Algarve sind inzwischen Pflanzen aus aller Welt heimisch und Globetrotter und Baumschulen sorgen dafür, dass ständig neue Pflanzenarten dazukommen. Falls die Pflanzen bei uns auf der Iberischen Halbinsel durch Samen vermehrt werden, findet eine langsame Entwicklung statt hinsichtlich der Anpassung der Pflanze an das hiesige Klima. Aus Mitteleuropa importierte Pflanzen bkommen durch das Auspflanzen in den Garten der Algarve immer einen Schock. Es ist im Algarve-Garten so völlig anders als im Gewächshaus von sonst woher.

<u>Damit Pflanzen sich wohlfühlen und gedeihen ist also</u>

1) die Frage wichtig, ob die von uns gewünschte Pflanze hier überhaupt die *Lebensbedingungen* vorfindet, die sie zum Überleben braucht.
2) *die richtige Standortwahl* im Garten wichtig, z.B. die Pinie auf den Hügel und die Bananenstauden ins <u>frostfreie</u> Tal des Grundstücks pflanzen.
3) *die richtige Bewässerung* wichtig. Es ist selbstverständlich, dass z.B. Kakteen weniger Wasser brauchen als schnellwachsende, immergrüne Pflanzen. Der PH-Wert des Gießwassers ist für das Gedeihen einiger Pflanzen entscheidend. ph=7,5 gilt als neutral, darüber als alkalisch, darunter als sauer. Da im Sommer sehr viel Gieß-

wasser verdunstet, reichert sich im Wurzelbereich der Pflanzen Calcium (Kalk) an und die Pflanze kann die Nährstoffe nicht mehr aufnehmen. Phosphorsäure im Gießwasser senkt den ph-Wert, der aber nicht tiefer als auf 5,5 sinken soll.

4) eine wichtige Bedingung für das Gedeihen unserer Gartenpflanzen der Boden und die in ihm enthaltenen Nährstoffe. Die Erde in den Gärten der Algarve ist natürlich sehr unterschiedlich. Vom leichten Sandboden, steinigen Boden bis hin zum schweren Lehmboden ist hier alles zu finden. Man kann beim Landwirtschaftsamt eine Bodenanalyse anfertigen lassen und bekommt dann für die jeweilige Kultur (wie z.B. Orangen) *die passende Düngung* empfohlen.

Für unsere Gärten mit einer Vielzahl von Pflanzen ist dies aber nicht sehr hilfreich. Bis auf die Sukkulenten - wie Aloe, Agaven, Kakteen usw- stammen fast alle unsere Gartenpflanzen aus den Wäldern der verschiedenen Kontinente. Da im Wald eine Humusschicht vorhanden ist, sollten wir im Garten auch eine solche schaffen. Laub, Stroh, Torf, Pinienrinde, Holzhäcksel, Hobelspäne, Papier, Pappe und alles was in Wasser und Wärme verrottet, ist als Humusschicht geeignet. Eine spezielle Humusschicht ist Mist von Pferden, Schafen, Kühen und Schweinen. Geflügelmist ist sehr aggressiv und nur sparsam zu verwenden. Der Boden kann mit Dünger unterstützt werden.

Ein mittlerer Orangenbaum benötigt ca. eine Schubkarre voller Mist pro Jahr und ist damit bestens mit allen

Nährstoffen versorgt. Hühnermist wird in Portugal als „Guano" angeboten, sollte aber nie als dicke Mulchschicht auf die Erde aufgebracht werden. Haben wir aber gehäckselte Gartenabfälle und mischen sie mit „Guano", so ist das genauso gut wie Pferde- oder Schafsmist. Kuhmist gibt es als geruchsfreies Granulat aus Spanien und Israel. Er ist gut, ergibt aber keinen Humus und zudem teuer.

Kunstdünger gibt es preiswert als „Blaukorn" oder als ähnliche Produkte mit einer Vielzahl von Wirkstoffen. Er ist für lehmige, sandige und kalkhaltige Böden gut, wenn Fe (Eisen) im Mineraldünger enthalten sind.

Aus Abfällen von Oliven wird ein biologischer Flüssigdünger gewonnen (M.O.L. Material Organica Liquida), der schnell Nährstoffe an die Wurzeln befördert und das Leben im Gartenboden allgemein aktiviert. Außerdem ist er sauer, so dass der Überschuss an Kalk im Gießwasser kompensiert werden kann.

Stark gedüngt werden (alle 4-8 Wochen): Zitrusfrüchte, Bananen, Bambus, Jacaranda, Palmen, Gräser (Wiese)

Mäßig düngen (alle 3 Monate): Bäume und Büsche, Zypressen, Pinien, Aloen

Nicht düngen: Auracarie, Kakteen, Agaven, Yucca, Sukkulenten

Trotz aller Düngung ist die Schaffung einer immer feuchten Humusschicht – zumindest im Umkreis der Pflanze – zu empfehlen. Da sie im subtropischen Klima schnell verrottet und damit Nährstoffe an die Pflanzen abgibt, ist sie jedes Jahr zu erneuern und kann mit irgendeinem Dünger, biologisch oder mineralisch angereichert werden.

Das Vorbild für einen guten Gartenboden ist ein Waldboden, in dem es von kleinen Helfern wimmelt, die den Humus in für die Pflanze verwertbare Nährstoffe umwandeln.

Das Gartenjahr im Algarve

Ein Sprichwort sagt: „aller Anfang ist schwer".

Für den Gärtner – egal ob beruflich oder privat für den eigenen Garten – gilt eher das Gegenteil, also: „aller Anfang ist leicht". Voller Freude und mit dem nötigen finanziellen Mitteln kann sich der Neu-Algarvino einen wunderschönen Garten anlegen lassen. Wunderschöne Bilder aus der gärtnerischen Fachliteratur über mediterranes Gärtnern motivieren zusätzlich, es den erfolgreichen Gärtnern nachzumachen.

Ist der Garten angelegt, beginnt die nicht mehr endende Pflege. Diese Gartenarbeit kann viel Freude machen und hat auch ihren therapeutischen Wert für Körper und Geist, sie kann aber auch zur Last werden, weil neben der geplanten Gartenarbeit auch noch soviel Unvorhergesehenes passieren kann.

Jeder, der im Algarve einen Garten pflegt, kann ein Lied davon singen, wenn z.B. zum x-ten Mal die Kaninchen die ausgetüftelte Bewässerung zernagt haben. Für diesen Fall gibt es einen Trick: wir stellen eine flache Schale im Garten auf und schließen diese an die Bewässerung mit an. Meistens trinken die Kaninchen lieber aus der Schale, als immer wieder auf gutes Glück Leitungen zu zerbeißen, um im heißen Sommer einen Tropfen Wasser zu finden.

Natürlich können wir die Gartenpflege auch an eine Fachfirma delegieren, die für gutes Geld alles in Ordnung hält.

Die Kosten hierfür sind ganz grob kalkuliert: für je 5000 Euro Gartenanlage werden 50 Euro im Monat für Gartenpflege und Instandhaltung fällig.

Übrigens, wissen Sie, wie Sie im Algarve ein kleines Vermögen erwirtschaften? Sie bringen ein großes Vermögen mit.

Die Jahreszeiten im Algarve unterscheiden sich von denen in Mitteleuropa – sonst wären wir auch kaum hier – und beginnen im Januar mit wechselndem Wetter und Regen. Diese Regenzeit kann bis April dauern und ist für die Pflanzen ganz wichtig. Meist ist es windig und um die 5 Grad C nachts, tagsüber bis zu 20 Grad C warm. In dieser Jahreszeit ist es im Algarve sonnig, wenn es in Deutschland regnet, und regnerisch, wenn es in Deutschland kalt und sonnig ist. Es ist die beste Pflanzzeit für alle nichttropischen Pflanzen.

Ab April, Mai wird die Sonne schon richtig kräftig, so dass die Temperaturen manchmal bereits bis 30 Grad C ansteigen können. Die Temperatur in den Nächten fällt nicht mehr so tief, und sobald die Nachttemperaturen um die 20 Grad C sind, können tropische Gewächse gepflanzt werden, wie z.B. Bananen, Papaya, Limonen usw.

Im Sommer ist es nur noch heiß - Tag und Nacht - und wir verbringen besser die Zeit mit Ausruhen und am Strand, als mit Gartenarbeiten. Allerdings ist das genau die beste Jahreszeit für Bäume schneiden, Veredeln und für Stecklinge.

Ab September kommt dann hoffentlich der erste Regen und alles wird grün. Der Herbst ist im Algarve der zweite Frühling und mit die schönste Jahreszeit. Die Temperaturen belaufen sich tagsüber normalerweise um die 20 Grad C, nur die Nächte können schon ganz schön frisch werden. Bodenfrost in den Nächten kann manchmal vorkommen.

Im Herbst können Palmen, Pinien, Zypressen, Zitrusbäume, Obstbäume und alles was auch im mediterranen Winter wächst, gepflanzt werden. Auch in dieser Jahreszeit kann es im Algarve sehr sonnig und trocken sein. Also auch im Winter nicht das Bewässern, vor allem der neugesetzten Pflanzen, vergessen.

Ab der Wintersonnenwende am 21. Dezember beginnt es im Algarve langsam Frühling zu werden. Die Mandelbäume blühen weiß und rosa, die Akazien in den Bergen bei Tavira blühen in strahlendem Gelb und die Wiesen mit dem Klee erscheinen wie ein gelber Teppich.

Natürlich sind das subjektive Wetterbeobachtungen eines Gärtners und wie wir wissen, ist das Wetter „launisch wie das Wetter" und keine Regel ohne Ausnahme.

Mandelblüte im Algarve

Der Frühling in Portugal beginnt mit der Mandelblüte und verleiht der Algarve ein märchenhaftes Aussehen.

Die Algarve hat zu jeder Jahreszeit ihren eigenen Reiz. Während die Sommermonate nach oft wochenlanger, regenloser Zeit mit hohen Lufttemperaturen einen landschaftlich eher trockenen Eindruck vermitteln, beginnt im Herbst nach den ersten Regenfällen die Landschaft wieder zu ergrünen. Besonders schön ist der Frühling, in dem sich viele bunte Blüten auf grünem Hintergrund zeigen. Und hier besonders zu erwähnen ist die Blüte der Mandelbäume, die in weißen und rosa Farben jedes Jahr wieder spätestens ab Januar stattfindet und dem Land ein märchenhaftes Aussehen verleiht. Auch die Erklärung für die ursprüngliche Anpflanzung dieser Mandelbäume ist märchenhaft.

Die Mandelblüte im Algarve, ein duftendes, weiß-rosa Erlebnis

Die Mandelbäume haben noch keine Blätter – sie verlieren sie im Herbst – und schon kommen die ersten Blüten. Die richtige Reihenfolge für eine erfolgreiche Mandelernte im Sommer sind erst die Blüten, dann die Blätter. Verhält es sich einmal andersherum, ist nicht auf eine reichhaltige Ernte zu hoffen. Es gibt Mandelbäume mit rosa und andere mit weißen Mandelblüten. Warum das so ist, konnten wir bis jetzt noch nicht herausfinden. Das kursierende Gerücht, es handle sich bei den rosablühenden Mandelbäumen um solche, die später Bittermandeln tragen, erwies sich als einleuchtend, aber nicht richtig. Wie auch immer, jede einzelne Mandelblüte duftet süß und erinnert an den Duft von Blütenhonig. Werden Mandeln nicht abgeerntet und bleiben am Baum hängen, erschwert das eine darauffolgende Blütenbildung, was dann weniger neue Mandeln zur Folge hat.

Einen Monat nach der Mandelblüte wachsen bereits kleine, grüne Mandeln. Im Laufe der Wochen werden sie größer und zum Schluss wechseln sie ihre Farben in ein helles Braun. Damit zeigen sie ihre Reife an.

<u>Warum gibt es im Algarve so viele Mandelbäume?</u>

Die Antwort auf diese Frage ist märchenhaft: Es war einmal zur Zeiten, als die Mauren im Algarve herrschten - irgendwann zwischen dem 8. und 13. Jahrhundert - da verliebte sich ein arabischer König in eine Prinzessin aus Nordportugal. Die Liebesgeschichte nahm ihren Lauf und endete in einer Vermählung mit einer großen Feier. Danach zogen beide in die Algarve, um dort für immer glücklich und zufrieden zu leben. Doch das Glück währte nicht lang, denn die Prinzessin wurde immer trauriger. Sie hatte Sehnsucht nach ihrer Heimat und den Schnee im Winter. Der König dachte gründlich darüber nach, wie er seine Gemahlin wieder glücklich machen könnte. Und plötzlich hatte er einen Einfall und ordnete an, im ganzen Algarve Mandelbäume zu pflanzen. Im nächsten Frühling, zur Zeit der Mandelblüte, stand er zusammen mit seiner Prinzessin oben auf dem Schloss und zeigte ihr die weißbedeckten Felder zu ihren Füssen. Der Anblick der weißen Blüten erinnerte sehr an Schnee. Und fortan war die Prinzessin wieder glücklich und freute sich jedes Frühjahr aufs Neue über ihren Pseudoschnee.

Die Mandel, ein gesunder Genuss

Jeder Mandelkern ist umschlossen von einer Haut und einer festen Schale. Mandeln haben eine lange Liste von positiven Nebenwirkungen. So sind Mandeln nachweisbar cholesterinsenkend und blutzuckerregulierend. Sie haben einen hohen Gehalt an Vitamin E und wirken als freie Radikale fangende Antioxidantien. Obwohl sie aus 80 % Fett bestehen, machen sie nicht unbedingt dick, denn sie machen auch schnell satt. Verantwortlich dafür ist ein hoher Gehalt an Ballaststoffen und einfach ungesättigten Fettsäuren. Kalzium, Magnesium, Kalium, Kupfer und Zink vervollständigen die Liste der in ihr enthaltenen, gesunden Nährstoffe. Damit ist die Mandel ein rundum gesundes Lebensmittel. Empfohlen wird, eine Handvoll davon täglich zu essen.

Jahrestabelle für Gartenarbeiten

Januar – April:
Pflanzen von Obstbäumen, Zitrusbäumen und nicht tropischen Palmen. Schneiden der Rosen. Ab April Pflanzen von Bougainvillea. Frühjahrsdüngung von Zitrusbäumen und stark wachsenden Büschen und Bäumen. Stecklinge machen von Rosen, Wein, Oleander. Säen von Tomaten, Paprika und Salaten: in Saatschalen aussäen und bei mind. 20 Grad aufbewahren. Schneiden von tropischen Bäumen wie beispielsweise Jacaranda, Tipuana Tipu, Melia azederach. Veredeln von Oliven; Mulchen der Baumscheiben.

Mai und Juni:
Pflanzen von Zitrusbäumen, tropischen Bäumen und Palmen und Bananenstauden, Papaya und andere. Zweite Düngung von Zitrusbäumen.

Juli und August:
Schneiden der Bäume und Büsche. Hecken schneiden. Stecklinge machen von Rosmarin, Salbei, Bela Luisa, Lavendel, Bougainvillea und anderen Trockenheit liebende Pflanzen. Veredeln von Mandel- und Obstbäumen.

September – Dezember:

Pflanzen von Mandelbäumen, Johannisbrotbäumen, Aprikosen- und Olivenbäumen. Schneiden von Weinstöcken, Bougainvillea. Boden lockern und mulchen. Vermehren von Erdbeeren, Brombeeren und Himbeeren. Säen von Favas (Saubohnen) und Lupinen. Ende des Jahres im Haus oder Gewächshaus säen von Tomaten, Paprika und Chilis.

<u>Für das Gartenjahr wünsche ich viel Freude am Werkeln und ein gutes Gelingen!</u>

Der Tiger im Dschungel

Das Gärtnern im Algarve ist schon eine Herausforderung. Ich nenne es das „Zuzu-Land": zu heiß, zu kalt, zu trocken, zu nass, zu stürmisch usw. Die schönsten Jahreszeiten, der Frühling und der Herbst nach den ersten Regenfällen versöhnen uns dann wieder mit den Widrigkeiten des nasskalten Winters und des drückend heißen Sommers.

Manchmal wünschte ich mich nach Costa Rica oder in die Dominikanische Republik, wo eine unübersehbare Anzahl von Pflanzen von ganz alleine gedeiht. Da dieser Wunsch aber ausschließlich meinem gärtnerischen Gefühl entspringt, und Portugal mein Zuhause ist, bleibe ich gerne hier.

Dennoch bleibt in mir die Sehnsucht nach den Tropen und somit versuche ich in meinem Garten tropische Pflanzen zum Gedeihen zu bringen. Für die Leser, die auch diesen Wunsch haben, möchte ich über die Gestaltung einer "Tropenecke" im Garten schreiben.

Bei der Betrachtung des Grundstückes muss sehr genau geprüft werden, ob die von uns ausgewählte Stelle, an der das "Tropeneck" entstehen soll, auch geeignet ist. Pflanzen sind Egoisten, sie wollen ihre Bedingungen erfüllt haben an Temperatur, Boden, Licht und Feuchtigkeit oder sie bestrafen uns mit ihrem Ableben.

Da tropische Pflanzen Wärme mögen, ist die Südseite eines Grundstückes am besten für ein Tropeneck geeignet; Süd-Osten ist auch sehr gut geeignet, da die Winterstürme meistens aus Süd-Westen kommen.

Eventuell hat Ihr Grundstück eine Hanglage mit einer Senke, ideal für eine "Tropenecke". Schauen Sie, wo auch ohne Bewässerung auf Ihrem Grundstück saftiges "Grün" gedeiht (z.b. Borretsch oder Gräser). Die Senke ist wichtig, weil ansonsten der für tropische Pflanzen wichtige Humus fortgeschwemmt wird.

Außerdem können Sie in trocken-heißen Sommermonaten ab und zu mit einem großen Bewässerungsschlauch das Tropeneck überfluten. Auch Portugiesen benutzen diese Überflutungstechnik für z.b. ihre Gemüsebeete, um das kostbare Wasser in tiefere Bodenschichten vordringen zu lassen. Das so gewässerte Erdreich speichert, je nach Beschaffenheit, für ungefähr ein bis vier Wochen die Feuchtigkeit.

Zusätzlich ist es vorteilhaft, zwei- bis dreimal wöchentlich die Tropenecke zu beregnen - falls es nicht sowieso schon regnet -, um die Luftfeuchtigkeit zu erhöhen. Das Beregnen geschieht am Besten am frühen Morgen, bevor die Sonne die Pflanzen erhitzt hat. Die Überflutungstechnik kann man dann zusätzlich anwenden, wann man Lust dazu hat.

Ein Teich, Bachlauf oder ein kleiner Wasserfall erhöhen auch die Luftfeuchtigkeit und gewähren Fischen und Fröschen Lebensraum. Viele Vögel, Bienen u.a. sind sehr dankbar, wenn sie im heißen Sommer Wasser finden. Kaninchen lassen die Bewässerungsschläuche in Ruhe, wenn sie aus unserem Teich trinken können.

Bevor wir unsere Pflanzen setzen, sollten wir prüfen, ob Hauswände, Mauern, alte Büsche und Bäume eventuell einen natürlichen Windschutz bieten. Ein Schutz vor Wind ist nötig, weil ansonsten die Erde und die Blätter zu schnell austrocknen. Als Windschutzpflanzen sind viele immergrüne Sträucher und Bäume geeignet, wie z.B. Akazien, Albizia, Lingustro japanico, Leucaena, Casuarine, Oleander, Miosporum (Sempre Verde), Zypressen, Thujas, Hibiscus usw., aber auch Cana (spanisches Rohr), Bambus, Pampasgras und vieles mehr.

Am schönsten finde ich eine gemischte Windschutzhecke aus Zier- und Nutzpflanzen, reich an bunten Blüten und verschiedenen Grüntönen.

Tropenpflanzen brauchen Humus. Oft ist im Algarve ein sehr schwerer Lehmboden vorhanden. Er speichert Wasser sehr gut, gibt den Wurzeln guten Halt und lässt Wasser langsam durch. Nur ist es unbedingt erforderlich eine Humusschicht zu schaffen und diese feucht zu halten. Die Regenwürmer sorgen dann für Durchlüftung und Düngung des Bodens.

Das Gießwasser sollte ph-neutral bis sauer sein, für die Säure im Boden kann Mist von Pferden, Schafen, Ziegen und Kühen hilfreich sein. Der ph-Wert des Gießwassers kann mit Phosphorsäure gesenkt werden.

Tropenpflanzen lieben Wärme, aber auch Halbschatten. Das bedeutet, neben der Windschutzhecke pflanzen wir Bäume, die im Sommer schattieren und im Winter - wenn die Sonne nicht mehr so intensiv ist - ihre Blätter verlieren. Diese Bäume für den Schatten pflanzen wir auf die Süd- oder Westseite; sie dienen als Kletterhilfe für Wein, Maracujas und viele verschiedene blühende Kletterpflanzen.

Im Kern der Tropenecke können Surinamkirschen (Pitangas), Mangos, Avocados, Bananenstauden, Litchis, Erdbeer- und

Zitronenguaven, Piri-Piri, Baumtomaten und vieles mehr gepflanzt werden. Auch Palmen, die Schatten mögen, fühlen sich im Tropeneck wohl.

Der Experimentierfreude des Lesers sind hier keine Grenzen gesetzt. Einige Supermärkte im Algarve führen tropische Früchte, deren Samen phantastisch keimen. Probieren Sie aus, Ihre eigenen Tropenpflanzen aus Tamarinden, Melonen, Kiwana, Kiwis, Cherimoya, Granatapfel, Physalis, Papaya, Mango, Avocado, Guaven, Tamarilla, Litschi, Schuschu, Ingwer, Datteln und was noch angeboten wird, selbst zu säen. Die meisten keimen bei Tagestemperaturen über 24°C und bei Nachttemperaturen von 20°C so einfach wie Tomaten.

Wo ist nun der Tiger aus der Überschrift geblieben? Natürlich sind im Algarve die Haustiger gemeint. Zurzeit wetzen unsere ihre Krallen an der Baumtomate. Das Holz ist herrlich weich und so können die jungen Katzen hochklettern und runterspringen üben. Die Katzen fühlen sich wohl im Tropeneck und machen sich nützlich, in dem sie Schädlinge wie Wühlmäuse, Mäuse, Baumratten und Schlangen fernhalten.

Beispiele für eine Tropenecke gibt es z.B. in Estufa Frio (Lissabon), im Schloßpark von Estoi (am Rinnsal), in der Parkanlage Faro (bei der Servico dos Estrangeiros) und einigen Baumschulen.

Ich wünsche Ihnen viel Freude bei der Planung und Gestaltung Ihrer Tropenecke und viel Lebensfreude durch das geduldige Beobachten, wie aus Ihrer Anpflanzung ein lebendiger Garten entsteht.

Grüne Oase in Faro

Wer kennt ihn schon, den vier Hektar großen Park im Zentrum von Faro? „Alameda Joao de Deus" ist sein Name, doch kein Schild, kein Hinweis hilft dem Ortsfremden diesen ganz besonderen, eigenartigen Park zu finden. An der „Rua da Policia" sind zwei Eingangstore zum Park, die tagsüber geöffnet sind. Auf dem großen Parkplatz davor (Largo de S. Francisco) findet man immer einen freien Platz und es ist auch nur ein Katzensprung zum Zentrum mit der Fußgängerzone.

Über 100 Jahre hatten die riesigen Bäume und Palmen Zeit sich zu entwickeln. Eigentlich ist „Joao de Deus" ein Wäldchen. Es ist schattig und nur an manchen Stellen kann die Sonne die vielfältigen Angebote des Parks bescheinen. Dazu gehört ein Teich mit weißen und schwarzen Schwänen und einigen bunten Enten. Dort sind auch meistens die Pfaue zu finden, die sich im Park frei bewegen dürfen.

Riesige Baumstrelizien sind Nähe Teich zu sehen und die vielen Bänke verleiten zum Ausruhen.

Ein Kleintiergehege mit Wellensittichen, Kaninchen, Papageien und vieles mehr ist der begehrte Anlaufpunkt für Kinder. Dort ist auch ein Kinderspielplatz mit einfachen Geräten und einer „Schlange" aus Betonröhren, durch die eifrig durch gekrabbelt wird. Plantanen sorgen für Schatten.

Gehen wir weiter, finden wir einen Minigolfplatz, umrahmt von alten australischen Seideneichen (Grevillea robusta), Pappeln, Plantanen und Eukalyptus.

Für die Jugendlichen gibt es einen Bolzplatz, hoch eingezäunt, damit die Jungs und Mädels den Ball nicht zwischen Rosen und Hibiskus suchen müssen.

Ganz versteckt und fast im Dunkeln ist ein Wasserfall mit Bachlauf zu finden. Schöne, zerklüftete Steine umranden ihn. Im Bach dürfen Kinder Staudämme bauen. Das Material für diese Bauwerke - Blätter, Äste und Steine - liegt reichlich dort.

In dieser heimlichen Ecke treffen sich die Teenager, die sich im Park unter den Bäumen wohler fühlen, als im benachbarten Jugendzentrum (Instituto Portugues da Juventude) oder in der Schule am Parkplatz.

In der hintersten Ecke des Parks steht noch die Fassade vom „Mortaduro Municipal", dem Schlachthof, wunderschön und wahrscheinlich zu schade um abgerissen zu werden.

Daneben hat die Camara von Faro eine kleine Baumschule. Eine Vielzahl von Pflanzen sind dort zu sehen, bekannte, längst in Portugal etablierte und Neuankömmlinge werden hier liebevoll und ohne Zeitdruck kultiviert. Sind sie groß genug, werden sie von den städtischen Gärtnern in den Grünflächen von Faro ausgepflanzt.

Wer Interesse daran hat, große Bäume zu sehen, die problemlos in den Gärten der Algarve gedeihen, und auch, was noch im Schatten der Bäume gedeiht (natürlich mit Bewässerung), oder wer einfach Lust hat auf etwas Ruhe mitten in der City, dem empfehle ich einen Besuch im „Alameda Joao de Deus", auch um für den eigenen Garten Ideen zu sammeln.

Folgende Pflanzen sind im Park zu sehen:

- Australische Pinien (Casuarinen): vertragen Wind, salzhaltige Luft, Trockenheit und Staunässe, sammeln Tau und sind für jeden Boden geeignet.
- Chilenische Tannen (Auracaria heterophylla): sie sind Solitärbäume (stehen einzeln) und vertragen Trockenheit
- Zypressen sind im Park einzeln und als Hecke zu sehen
- Australische Seideneichen (Grevillea robusta): sie sind sehr robust, vertragen Wind, Salz und Trockenheit.
- Persischer Flieder (Melia azedarach) wurzelt bis 40 m tief und verträgt Trockenheit.
- Plantanen (Plantanus hybrida), oft als Alleebaum gepflanzt.
- Fächerpalmen (Washingtonia robusta) und andere: wachsen schnell und wurzeln tief.
- Oleander (Nerium Oleander) verträgt Trockenheit, Wind, Sonne und Staunässe.
- Gummibaum (Ficus elastica) und andere Ficusarten wurzeln sehr stark und suchen mit ihren Wurzeln Wasser
- Lorbeer (Laurus aricona) ist ein Waldbaum, der es feucht mag, aber Trockenheit verträgt.
- Pappeln (Populus nigra) und andere: wurzeln in die Breite und machen Wurzelausläufer.
- Kermesbeerenbaum (Phytolacca dioica): macht schönen Schatten
- Judasbäume (Cercis siliquastrum), sie sind sehr trockenresistent und wachsen in jedem Boden

- Als Unterwuchs: Efeu, Gras, Aloe, Rosen, Hibiscus, Canna, Bougainvillea und vieles mehr. Dieser Unterwuchs braucht zuerst Schatten, um gut wachsen zu können.

Einzelne Elemente der Gartengestaltung

1) Palmen

In allen Kulturen, in denen sie bekannt sind, gelten Palmen seit Urzeiten als etwas Besonderes. Ihre vielseitigen Nutzungsmöglichkeiten als Baumaterial und Nahrungsquelle machen sie in den Tropen zu einer der wertvollsten Pflanzen. Aus ihren kerzengeraden Stämmen werden Stützen und Träger hergestellt, mit den Blättern werden Dächer gedeckt und Flechtarbeiten gefertigt. Aus den Fasern der Kokosnuss werden Teppiche hergestellt und neuerdings werden die Fasern anstelle von Torf für die Jungpflanzenanzucht verwendet.

So mancher kennt noch das „Sago", das Mark der *Sago-Palme* aus Indien (Metroxylon sagu), aus dem leckere Süßspeisen gefertigt wurden, und immer noch gelten Datteln – die Früchte der *Phoenix dactylifera* – als etwas Besonderes. Die „Tamaras", wie die Datteln in Portugal heißen, werden immer gegen Weihnachten frisch angeboten und sind sehr beliebt.

Kokosflocken sind allen bekannt, darüberhinaus gibt es jedoch sehr viele essbare Palmfrüchte; Palmwein aus dem frischen Saft der Palmen gewonnen und Palmherzen, die mir sogar in Spanien aus der mediterranen wildwachsenden Zwergpalme *Chamaerops humilis* angeboten wurden.

Chamaerops humilis ist die einzige im Algarve und Südspanien heimische Palme, bleibt meist sehr niedrig und mit ihren vielen Sprösslingen wird sie sehr bald buschig. Bewässert und gedüngt kann eine Chamaerops humilis gut vier Meter oder mehr an Höhe erreichen. In der Literatur wird überall beschrieben, dass die Zwergpalme karge, kalkige Böden bevorzugt, aber die schönsten Chamaerops humilis habe ich in Pinienwäldchen auf leicht saurem, sandigen Boden gesehen. In keinem Algarve-Garten sollte diese einheimische, sehr wertvolle Pflanze fehlen. Der beste Platz ist eine sonnige, geschützte Stelle, etwas abseits der Wege, da ihre Stacheln fürchterlich sind.

Im Allgemeinen gibt es die Fächerpalmen, bei denen die Blätter die Form einer gespreizten Hand haben, wie z.B. bei der Washingtonia robusta; und die Fiederpalmen, wie z.B. die Phoenix canariensis.

In subtropischen Gebieten, wie hier im Algarve, werden Palmen nicht mehr wirtschaftlich genutzt, sondern gelten als schön, majestätisch und somit als Statussymbol für Quintas und Hausgärten. Jedoch wäre es auch hier möglich, Palmen mit essbaren Früchten anzupflanzen und meine portugiesische Kundschaft ist sehr interessiert daran.

Im Algarve weit verbreitet und schon seit Jahrhunderten hier angepflanzt ist die *Kanarische Dattelpalme (Phoenix canariensis)*, mit ihren langen Fiedern, die stark bedornt sind. Sie wächst auf fast jedem Boden und wurzelt bis 30 Meter tief. Eine Phoenix canariensis kann bis 15 Meter hoch werden und ihre Krone besteht aus 5-6 Meter langen Blättern. Die Früchte sind nicht genießbar, jedoch werden sie von Vögeln gerne verzehrt. Es dauert Jahre bis aus der jugendlichen Palme, die nur aus einem Blätterbüschel besteht, eine Palme mit Stamm wird. Zuerst wird der endgültige Umfang der Palme erreicht (ca. 50 cm), es werden unzählige Pfahlwurzeln gebildet, die der Palme bei Sturm Halt geben und sie mit Wasser versorgen.

Es ist klar, dass beim Umpflanzen erwachsener Palmen zu viele dieser bis 30 Meter langen Wurzeln zerstört werden, so dass auf Jahre hinaus kein Wachstum der Palme mehr möglich ist. Es sollten in Gärten nur jugendliche Palmen gesetzt werden, die noch reichlich neue Pfahlwurzeln bilden und nach ein paar Monaten weiter wachsen. Viele Phoenix canariensis sind in den letzten Jahren dem Palmrüssler (Rhynchophorus ferrugineus) zum Opfer gefallen. Die ältesten und schönsten Palmen wurden befallen und starben. Es gibt aber verschiedene Maßnahmen, die man gegen den Palmrüssler ergreifen kann. Die Möglichkeiten reichen vom Behandeln mit Insektizid, Nematoden, in die Palmkrone eingebracht, – bis zum Aufstellen von Käferfallen mit Lockstoffen für die Palmrüssler. Ich hoffe, dass irgendwann dieses Problem beseitigt und dieser Palmschädling verschwunden ist.

Wer die grünen Wedel seiner Phoenixpalmen nicht abschneidet, verringert dadurch das Risiko, den Käfer anzulocken. An junge Palmen oder Palmen mit dünnem Stammdurchmesser geht der Palmrüssler übrigens sehr selten. Mir erscheint das Aufstellen von Käferfallen in jedem Garten sinnvoll.

Die echte Dattelpalme *Phoenix dactylifera* gedeiht ebenso gut im Algarve wie ihre kanarische Schwester. Nur ist sie viel schlanker (30 cm Stammdurchmesser) und hat weniger Blattwedel. Die Farbe der Blattwedel ist bläulich und die Dornen an den Blattsegmenten sind noch gefährlicher als bei der Phoenix canariensis. Wenn wir Dattelkerne säen, erscheinen nach ca. 3-4 Monaten kleine Pälmchen.

Da es männliche und weibliche Dattelpalmen gibt und nur die weiblichen Palmen Früchte tragen, müssen wir ca. 5 Jahre oder mehr warten, um zu sehen, ob wir Datteln ernten können oder nicht. Mindestens eine männliche Palme ist aber auch notwendig zur Befruchtung. In Ländern, in denen Datteln produziert werden, trennt man Sprösslinge nach ungefähr 10 Jahren von einer gut tragenden Mutterpflanze ab. Diese echten Sprösslinge gibt es hier nicht im Handel, sie werden in ihren Heimatländern wieder gepflanzt.

Auch wenn nicht so hübsch wie ihre kanarische Schwester, ist es die Phoenix dactylifera wert, im Algarve gepflanzt zu werden.

Im nächsten Kapitel werde ich über die hier üblichen Fächerpalmen schreiben. In meiner Baumschule in Moncarapacho können interessierte Leser Palmensämlinge und größere Palmen anschauen und erwerben.

Fächerpalmen

Einmal im Jahr – wenn Tausende von schwarzroten Kugeln unter der riesigen Palme liegen – besteht Rutschgefahr.

Die Samen der prächtigen Fächerpalme "Washingtonia" sind erbsengroß und wenn wir einige Samen bei 20 bis 30 Grad in feuchte Erde säen, keimen sie innerhalb von einem Monat. Fünf bis zehn Jahre vergehen dann, bis aus den Sämlingen eindrucksvolle Palmen werden. Washingtonias kommen ursprünglich aus dem Norden Mexikos und dem Süden Kaliforniens. Die Palme wurde nach dem ersten Präsidenten der USA benannt. Es gibt zwei Arten von Washingtonia:

- Die *Washingtonia robusta* wächst 30 Meter hoch, ist schlank mit einem Elefantenfuß-ähnlichem Sockel und hat gerade, aufrechte Blätter
- Die *Washingtonia filifera* wird "nur" bis zu 15 Meter hoch, wirkt kompakter und hat große, hängende Blätter mit vielen Fäden.

Meist ist die Washingtonia filifera im Algarve im Handel, da sie für Gärten geeigneter ist und auch frostverträglicher als die Washingtonia robusta.

Eine andere Fächerpalme ist die *Hanfpalme Trachycarpus fortunei*. Sie hat ihren Ursprung in China, Nordburma und Nordthailand bis ins Himalayagebirge hinein. Eine Trachycarpus kann Hitze und Kälte vertragen. Ihr Stamm ist dicht mit Fasern umkleidet, was ihr den Namen "Hanfpalme" einbrachte. Die Fasern des Stammes werden geernet, in Indien werden die Palmen dafür gefällt, so dass sie dort akut vom Aussterben bedroht sind.

Da die Hanfpalme frostverträglich ist bis minus 15 Grad Celsius, ist sie selbst in der Schweiz und in Deutschland in warmen Gebieten zu finden. In Spanien wird sie wegen ihrer Ähnlichkeit zur europäischen Zwergpalme als "Chamerops humilis Excelsa" verkauft. Nur hat sie mit der echten Zwergpalme nichts zu tun.

Eine Trachycarpus wird 12 Meter hoch und gedeiht auf schwierigen Böden. Im Algarve sind im Vila Vita Park schöne Exemplare zu sehen.

<u>Eine Wedelpalme</u>

Die *"Coco de Jardim"* ist eine schnellwachsende Wedelpalme, die Seeluft verträgt und reichlich Wasser liebt. Sie stammt aus dem Süden Brasiliens und wächst gut im Algarve. Zu sehen ist sie zum Beispiel am Eingang vom Vila Vita Park, am Flughafen Faro und mittlerweile auch in vielen Hausgärten.

Erstaunlich ist, dass in den Parks und den älteren Gärten des Algarve wenig seltene Palmen zu sehen sind – der Schlosspark von Estoi bildet eine Ausnahme, drei seltene Palmenarten sind dort vertreten: Archontophoenix cunningania, Phoenix rupicola, Livingstonia chinensis.

Portugiesische Seefahrer brachten schon immer Palmensamen aus Übersee mit. Nur wurden diese "Schätze" aus Übersee in den Parks von Sintra, Lissabon und Luso gepflanzt.

Fehlten den Algarvinos die Liebe zu schönen Gärten oder sind die klimatischen Bedingen im Algarve nicht geeignet um aufwendige Gärten am Leben zu erhalten?

Erst seitdem die Möglichkeit besteht, tiefe Brunnen zu bohren und somit die Gärten ganzjährig zu bewässern, sind auch im Algarve solche Gärten möglich. Dennoch möchte ich nochmals den Hinweis geben, den Garten wassersparend zu gestalten.

Wasser ist im Algarve eines der kostbarsten Güter. Jeder, dessen Brunnen im Laufe der circa viermonatigen Trockenperiode schon einmal versiegt ist, weiß wie schnell dann auch die mühsam gepflegten Pflanzen vertrocknen und nur die Pflanzen überleben, die schon seit Jahrhunderten im Algarve gedeihen und weitgehend trockenresistent sind, wie z.B. Feigenbaum, Johannisbrotbaum, Olive und Mandel.

2) Heckenpflanzen

Während der Regenzeit von September bis April ist im Algarve für Bäume und Büsche die beste Pflanzzeit. Vor allem ist es auch die richtige Zeit eine Hecke zu pflanzen. Immer wieder werde ich nach geeigneten Heckenpflanzen gefragt und die Auswahl ist je nach Zweck der Hecke riesengroß.

Im mediterranen Raum haben Grundstücksbegrenzungen durch Natursteinmauern mit dahinter angepflanzten Hecken eine lange Tradition. In den letzten Jahren wurde es jedoch immer beliebter, Grundstücke einzuzäunen und hinter den Zaun eine Hecke zu pflanzen.

Wobei 0,5 m Zaunhöhe eher als Stolperschwelle gilt, 1- 1,5 m als wirkliche Abgrenzung von Grundstücken und 2 m und höher wecken Assoziationen mit einem Gefängnis.

Für die Umgrenzung von landwirtschaftlichen Flächen und Gewerbeparks ist es natürlich etwas völlig anderes, da sind Zäune von 2-3 m und Hecken bis zu 10 m Höhe nichts Ungewöhnliches.

Die Portugiesen scheinen die Sitte von Zaun und Hecke zu übernehmen und damit mehr und mehr die Natursteinmauer als Umrandung von Grundstücken abzulösen.

Die portugiesischen Begriffe von Hecke sind „sebe viva" = lebendes Gestrüpp.

Eine Hecke zu definieren ist nicht so einfach und die Vorstellungen der Gartenbesitzer gehen weit auseinander. Wünsche ich mir eine monotone, immergrüne und rechteckige Wand oder eine 4 m breite, vielfältige, bunte Vogelschutzhecke mit –zig verschiedenen Pflanzen?

Oder eine Wand aus Riesenschilf – Cana vieira (lat.: Arundo donax).

Es gibt als kleinste Hecke Beetumrandungen mit Buxus, Rosmarin usw.; mittelgroße Hecken mit einer Vielzahl von Möglichkeiten; Stachelhecken mit Akazien, Kakteen, Agaven, Yuccas usw. und Windschutzhecken mit Zypressen, Casuarinen, Cana, Bambus und vielem mehr.

Merkmal aller Hecken ist die dichte Bepflanzung und die Zweckbestimmung als Sichtschutz, Windschutz oder bei stacheligen Hecken gegen unbefugtes Eindringen von Menschen und Tieren in den zu schützenden Raum. Merkmal ist auch die Pflanzung in einer geometrischen Linie, meistens schnurgerade. Also Hecke schützt, wie auch immer. Bäume, in Reihe gepflanzt mit Abstand von mehreren Metern, sind als Sonnenschutz eine Allee, Nutzbäume in mehreren Reihen gepflanzt eine Plantage.

Die bei den Hausgärten gebräuchlichste Heckenpflanze hinter einem Zaun angepflanzt ist die Myoporum acuminatum aus Australien. Sie hat weiße kleine Blüten und viele blaue Beeren. Und viele verschiedene Namen: auf Portugiesisch: Mioporo, auf Deutsch: Mäusefrass oder Drüsenpflanze, auf Englisch: Australien Blueberry Tree, auf Holländisch: Australische blauwbes (Rapido) und auf Spanisch: Mioporo oder Sempre Verde.

Dieser australische Busch oder Baum wird ca. 3 m hoch, wächst unwahrscheinlich schnell, ist immergrün und kann gut als Hecke (auch rechteckig) geschnitten werden. An den Boden stellt er keine Ansprüche, spricht auf Düngung aber gut an. Die blauen Beeren sind auf Fliesen störend, auf Erde stören sie nicht, da sie nicht so einfach keimen. Der Abstand von Mioporo-Pflanzen sollte ca. 0,70 m betragen und es können ohne weiteres kleine Pflanzen gesetzt werden. Mindestens einmal im Jahr ist bei rechteckiger Hecke ein Schnitt fällig. Die abgeschnittenen Blätter und Äste können gut unter der Hecke *gemulcht* werden.

Als Bewässerung ist gota-gota (Tröpfchen-Bewässerung) am besten. Die Mioporo-Pflanzen zeigen durch Hängen der Blätter deutlich an, wenn sie Durst haben. Und obwohl das Wurzelwerk sehr dicht ist, scheint sie andere Pflanzen zu tolerieren.

Fazit: die Sempre verde (immergrün)- oder Rapido-Hecke ist eine problemlose, robuste Hecke bis ca. 2 m Höhe. Die Pflanzen sind preiswert, vertragen Seeluft und jeden Boden. Als anspruchslose „Anfängerhecke" bestens geeignet. Wem eine reine Sempre verde –Hecke zu langweilig ist, kann ohne weiteres etwas Blühendes, wie Lantana oder Hibiskus oder anderes, dazwischen pflanzen.

„Regen bringt Segen".

Dieses Sprichwort gilt vor allem für das durch den langen, regenfreien Sommer ausgetrocknete Land im Algarve. Nachdem es ausgiebig geregnet hat und noch angenehm warm ist, ist es eine gute Zeit, Büsche und Bäume zu pflanzen. Der Boden ist weich und überall kann man beobachten, wie junges Grün aus der Erde sprießt und viele immergrüne Bäume neue Blätter bekommen – im Gegensatz zu den laubabwerfenden, die jetzt ihre Blätter verlieren und in Winterruhe gehen.

Auch für eine Heckenbepflanzung ist es die richtige Jahreszeit. Die Luft enthält mehr Feuchtigkeit als im Sommer, so dass sich die neu gesetzten Pflanzen mit dem Anwachsen leichter tun. Die Wurzeln können sich im feuchten Erdreich leichter ausdehnen und die neu gesetzte Pflanze übersteht so besser den nächsten trockenen Sommer, in dem sie auf eine zusätzliche Bewässerung angewiesen ist. Nur, falls es im Winter über mehrere Wochen hinweg nicht regnen sollte, müssen immergrüne Neuanpflanzungen bewässert werden, da sie auch im Winter wachsen wollen und Wasser verbrauchen.

Für Hecken braucht die Erde nicht extra aufbereitet werden, es erleichtert lediglich die Pflanzung, wenn ein Graben mit mindestens 20 cm Breite und ca. 20 cm Tiefe vorab gezogen wurde und dieser mit Sand oder Gartenerde gefüllt wurde.

Nachfolgend führe ich einige Beispiele für gängige Heckenpflanzen auf, es gibt jedoch noch viel mehr Sorten.

Pflanzen für niedrige Hecken:

- Buxus sempervirens (Buchsbaum)
- Rosmarinus officinalis (Rosmarin)
- Lavendula dentata (Lavendel)
- Rosen, niedrigwachsend.

Pflanzen für mittelhohe Hecken:

- Nerium oleander (Oleander)
- Solanum crispum (blaublühendes Kartoffelkraut)
- Lantana camara (Wandelröschen)
- Hibiscus rosa-sinensis (Roseneibisch)
- Agave americana (Agave)
- Opuntia ficus-india (Feigenkaktus)
- Bougainvillea
- Pittosporum tobira (Klebsamen)
- Pistacia lentiscus (Mastixstrauch)
- Melaleuca armillaris (Myrtenheide)
- Myrtus communis (Myrte)

Pflanzen für hohe Hecken und Windschutz:

- Ficus benjamina (Birkenfeige)
- Ficus nitida (kleinblättriger Gummibaum)
- Ficus australis (")
- Myoporum acuminatum (Sempre Verde, Mäusefrass)

- Cypressus sempervirens (Säulenzypresse)
- Arundo donax (Spanisches Rohr)
- Albicia distachya (Zylinder-Albizie)
- Casuarina cunninghamiana (Australische Pinie, Eisenholz)
- Yucca elephantipes (Palmlilie)
- Zypressen
- Pappeln (bei feuchtem Boden)
- Granatäpfel

Das sind nur einige Büsche und Bäume, die ich vorschlagen kann.

Es gibt auch sehr originelle Hecken, wie z.B. eine Hecke aus Palmen: Phoenix canariensis oder Washingtonia filifera oder Washingtonia robusta oder ganz mediterran eine reine Olivenbaumhecke (Olea europaea).

Als Fruchtbaumhecke bietet sich der Granatapfelbaum (Punica granatum) an, sowie verschiedene Guavenarten – z.B. Psidiumguajava oder die Erdbeer- und Zitronenguave.

Verwendbar ist auch die Ananasguave oder Feijoa (Acca sellowiana) mit wunderschönen weißen Blüten mit roten Fäden und essbaren Früchten mit dem Aroma von Ananas.

Wer sich nun nicht für eine bestimmte Hecke entscheiden möchte, kann eine „bunte Hecke" pflanzen, von allem etwas. Sie hat den Vorteil, dass sie immer grün ist, ständig etwas blüht und man beim Spaziergang entlang der Hecke immer etwas zum Naschen findet.

In diese „Bunten Hecke" können auch noch Maracuja, Brombeeren, Erdbeeren, Kapstachelbeeren (Physalis peruviana) und vieles mehr gepflanzt werden. Der Pflegeaufwand ist grösser als bei einer homogenen Hecke, aber sie ist nicht eintönig, sondern eine Hecke, die der Kreativität des Gartenbesitzers freien Lauf lässt.

Exkurs: Oleander pflanzen und pflegen

Oleander ist eine mediterrane Pflanze. Er kann aber auch als Kübelpflanze oder im Wintergarten in Deutschland gehalten werden.

Pflanzenportrait

Im Süden Europas ist der Nerium Oleander eine ganz normale Gartenpflanze, die mit sehr wenig Bewässerung auskommt.

Er wird hier auch als Straßenabgrenzungen oder auf dem Mittelstreifen von Autobahnen gepflanzt. Seine harten, ledrigen Blätter halten der Hitze der Sommersonne stand und trotz der Trockenheit blüht er an seinen Triebspitzen in rot, rosa und weiß. Es gibt auch cremefarbenen und sogar gelbblühenden Oleander. Neben der grünblättrigen Art gibt es auch eine mit grün-gelbgestreiften Blättern. Ist dabei zu viel Gelb in den Blättern enthalten, wirkt die Pflanze, als ob sie Nährstoffmangel hätte. Dann gibt es noch Oleander mit verschiedenen Blüten: mit einfacher oder mit gefüllter Blüte. Manche Sorten haben Blüten, die angenehm süßlich duften. Da sich die Blüten am Ende des Zweiges befinden, gibt es umso mehr Farbe, je verzweigter der Oleander ist. Oleander kann 3-4 Meter hoch werden und ist im Süden als Hecke gepflanzt auch ein guter Sichtschutz, der von Mai bis September blüht. Der Oleander stammt aus den Schluchten des Atlasgebirges und wurde vor Urzeiten rund ums Mittelmeer verbreitet. Deshalb kommt er mit dem mediterranen Klima bestens zurecht.

Oleander ist giftig. Er gehört zu den Apocynaceae (Hundgiftgewächse). Wie sonst hätte eine so auffällige Pflanze in der Wüste Nordafrikas eine Chance zu überleben gehabt? Tiere vermeiden es, an Oleander zu knabbern und auch Menschen sollten etwas Vorsorge walten lassen, Oleanderzweige nicht zum Grillen verwenden und auch sonst nichts vom Oleander essen. Die Giftstoffe sind Cardenolid und Oleandrin.

Oleander wurde schon vor Jahrhunderten als Kübelpflanze kultiviert und jeder kennt die schönen Tontöpfe, in denen blühender Oleander auch Gärten in kühleren Gegenden Europas bereichert. Bei Frostgefahr wird dieser Kübelpflanzen-Oleander dann in einem kühlen Innenraum überwintert.

Die Pflege von Oleander - Pflanzung, Düngung und Krankheitsvorsorge

Die Pflege des Oleanders ist einfach. Lehmige Erde mit etwas Humus vermischt, gefällt ihm besonders. Er gedeiht aber auch in Sandboden, Torf und sogar in leicht salzhaltigem Boden. Seine Wurzeln senkt der Oleander tief in den Grund, um auch noch im trockenen Sommer Wasser zu finden. Da er an seinen natürlichen Standort an Bachläufen und Flusstälern beheimatet ist, verträgt er auch "nasse Füße", aber auch Trockenheit, wenn der Bach im heißen Sommer verschwunden ist. Durch die reduzierte Wasserzufuhr werden die unteren Blätter gelb und fallen ab. Durch reichlich Gießen können wir einen Verlust der unteren Blätter vermeiden.

Gedüngt wird der Oleander von April bis August mit einem Volldünger, besser jedoch mit Mist und Mulchmaterial, was auch der Krankheitsanfälligkeit vorbeugt. Oleander kann von Blatt- und Schildläusen oder Spinnmilben befallen werden.

Dagegen hilft Spritzen mit Neemöl, Kernseifenlösung oder ein Sud aus Tabak; natürlich nicht alles zusammen, eines davon reicht aus. Oleanderkrebs (Pseudonomas) zeigt sich durch kreisrunde, abgestorbene Stellen auf den Blättern, später durch Wucherungen an Rinde und Blüten. Am besten ist es die befallenen Triebe zu entfernen und zu entsorgen. Wichtig ist es aber für die Krankheitsvorsorge die Pflanze durch einen gesunden, humusreichen Boden zu stärken, Oleander nicht von oben zu gießen (beregnen) und einen sonnigen, luftigen Standort auszuwählen.

<u>Eigene Anzucht von Oleander –
Vermehrung durch Stecklinge und Samen</u>

Spätsommer ist die beste Zeit, den Oleander zu schneiden. Im darauffolgenden Jahr nach dem Schnitt sind keine Blüten zu erwarten, da ja die Blütenansätze an den Triebspitzen abgeschnitten wurden. Die Triebspitzen, aber auch die verholzten Teile der Äste, kann man zur vegetativen Vermehrung verwenden: diese Pflanzenteilen werden in ca. 20 cm lange Stücke geschnitten, diese werden 10 cm tief ins Wasser gestellt und bei Temperaturen um 20 Grad C kommen bald die ersten, sehr zerbrechlichen Wurzeln.

Sobald die Wurzeln vorhanden sind können die Stecklinge in Töpfe mit guter Gartenerde gepflanzt werden. Dort bleiben die jungen Pflänzchen mindestens ein Jahr lang. Man kann auch die Stecklinge direkt pflanzen in ungedüngte Erde oder Torf, wobei die Verwendung eines Wurzelhormones gut ist. Nicht alle Stecklinge werden anwurzeln, aber es ist eine Möglichkeit, besonders hübsche Oleandersorten zu vermehren.

Oleander bildet ca. 10 cm lange Samenhülsen aus, in denen sich unzählige feine Samen befinden. Diese können in einen Kübel mit ungedüngtem Torf gesät werden und schon bald keimen die Oleandersamen, die dann im nächsten Jahr in Töpfe vereinzelt werden. Bei aus Samen gezüchtetem Oleander ist die Farbe der Blüten nicht vorhersagbar, aber wahrscheinlich ist, dass er schneller wächst als Oleander aus Stecklingen, weniger Blüten hat, aber dafür vermutlich robuster ist.

3. Blühende Bäume für den Algarve-Garten

Im Algarve-Sommer brennt die Sonne heiß vom Himmel. Die Urlauber freuen sich darüber und für viele Ausländer, die sich im Algarve niedergelassen haben, waren die 300 Tage Sonnenschein im Jahr der wichtigste Grund für diese Entscheidung. Hat man jedoch genügend Sonne getankt, drängt sich der Wunsch nach Schatten auf. Was gibt es Schöneres als sich im Schatten größerer Bäume auszuruhen und mit einem kühlen Getränk bei größter Hitze auf die kühlen Abendstunden zu warten?

In den Parkanlagen der Algarve können wir sie entdecken, Baumriesen vor Jahrzehnten gepflanzt und liebevoll gepflegt geben den Menschen Schutz vor sengender Sonne.

Als meine Frau Sabine und ich unser etwas kahles Grundstück im Algarve kauften, war nach dem ersten Sommer der Wunsch geboren, solche Schattenbäume auf unserem Grundstück zu haben. Jetzt, nach über 20 Jahren, sind die damals gepflanzten Bäumchen schon groß und geben herrlichen Schatten. Einige Bäume mussten wieder weichen, wie z.B. der Gummibaum in Hausnähe, weil er mit seinen ausladenden Wurzeln Bauschäden verursacht hätte.

Am liebsten habe ich die Bäume, die pflegeleicht sind, irgendwann blühen und im Herbst ihr Laub abwerfen. Das Laub der Bäume ergibt wertvollen Kompost und schützt bei den heftigen Winterregen vor Erderosion.

Fünf Bäume möchte ich vorstellen, die im Algarve problemlos gedeihen.

Die Melia Azedarach oder Zedrachbaum

Die Melia stammt aus Nordindien und China und wurde von den Kaufleuten der Antike über Persien bis in den Süden Portugals verbreitet. Dabei hat sie so viele Namen bekommen, dass es schon verwirrend ist. Persischer Flieder, Paradiesbaum, Pride of China, Bead Tree und in älterer Literatur wird er auch als Neem bezeichnet, der medizinisch wirksame Baum aus Indien, wobei dem Neembaum und der Melia der Wirkstoff Azeteratin, ein natürliches Insektizid, gemeinsam ist. Bei älteren portugiesischen Häusern wurde eine Melia direkt vor das Haus gepflanzt. Im Frühjahr ist die Melia voll mit weiß-lila Blüten, die sehr gut wie Flieder duften. Im Sommer ist sie voll mit Laub, dem nachgesagt wird, dass es Fliegen und Mücken vertreibt. Wahrscheinlich sind die abgekochten Blätter der Melia auch als Insektizid zu verwenden. Im Winter ist das Laub abgefallen und dieser Baum ist voll mit den gelben Samenbeeren.

Der Zedrachbaum stellt keine Ansprüche an den Boden, auch lehm- und kalkhaltiger Boden ist geeignet. Die Wurzeln gehen bis 30 Meter in die Tiefe, so dass sich der Baum nach zwei bis drei Jahren mit Wasser selbst versorgt. Die Melia wird 10 Meter hoch und kann gestutzt werden.

Die Tipuana Tipu oder „Stolz von Bolivien"

ist ein schöner, schnell wachsender Baum, bis 10 Meter hoch, der im Juni seine goldgelbe Blütenpracht zeigt.

Im Park von Olhão, direkt an der Lagune wachsen riesige Tipuanas und darunter im Halbschatten dieser prächtigen Bäume sitzen die alten Fischer und lassen den Tag vergehen. Rund um die Tipuanas sind blühende Büsche und Blumen angepflanzt. Vor vielen Jahrzehnten müssen Seeleute Samen der Tipuana tipu aus Bolivien mitgebracht und in Olhão gepflanzt haben.

Ich habe noch keinen anspruchsloseren Baum kennengelernt. In kleinen Töpfen gedeiht er ebenso wie in harter, schlechter Gartenerde. Und noch mehr, er scheint den Boden zu verbessern, sammelt Stickstoff, pumpt mit seinen Pfahlwurzeln das Grundwasser nach oben und gibt es mit seinen feinen Wurzelgeflechten in den oberen Bodenschichten wieder ab. Zitrusbäume reagieren positiv auf die Nähe von Tipuanas und sind weniger krankheitsanfällig. Noch ist eine insektizide Wirkung von Tipuana nicht erforscht.

Als der Parkplatz Largo de Sao Francisco in Faro neben der Altstadt neu angelegt wurde, hat man Tipuanas als Schattenbäume gepflanzt. In Spanien kappt man die Bäume in ca. 3 Meter Höhe und lässt sie jedes Jahr neu austreiben.

Die Jacaranda Mimosifolia oder der Palisanderbaum

stammt aus den Wäldern von Argentinien und Brasilien. Seine violett-blauen Blüten, die ab Mai zu bewundern sind, wecken den Wunsch, diesen Baum im eigenen Garten zu haben. Die Jacaranda ist anspruchsvoller als die beiden vorgenannten Bäume. Sie braucht den ganzen Sommer über Bewässerung und ausreichend Düngung. Ihre feingefiederten Blätter verliert sie im Winter und dann sind nur noch die Samenschalen am Baum, die wie Austern aussehen, und jede davon enthält –zig Samen.

Die Jacaranda macht ständig neue Austriebe aus dem unteren Stammende, und wenn wir diese nicht abschneiden, stirbt der Stamm ab und die Jacaranda entwickelt sich zum Busch, der allerdings auch sehr schön anzuschauen ist.

Exkurs: Jacarandas- blau-lila Schönheiten

Im späten Frühjahr ist es wieder soweit: die Gärten der Algarve und auch viele Dorfplätze zeigen blau-lila Farbe, denn die Jacarandas blühen.

Die Jacaranda (Jacaranda mimosifolia) ist ein mittelgroßer Baum, der wegen der reichhaltigen Schönheit seiner trauben- oder glockenförmig angeordneten Blüten sehr gern nicht nur in privaten Gärten, sondern auch in öffentlichen Parks und als Zierde von Stadt-und Dorfplätzen gepflanzt wird. Die Farbpalette der Blüten reicht von hellerem Blau bis zu Blauviolett, oft blüht die Jacaranda zweimal jährlich, im Frühjahr und im Herbst, und dann ausdauernd bis zu 2 Monate lang. Auch das Blattwerk ist schön anzusehen, erinnern die Blätter doch an einen zarten Farn. Im englischen heißt die Jacaranda deshalb Fern Tree. Sie ist laubabwerfend in der Trockenzeit, gehört zu der botanischen Familie der Trompetenbaumgewächse und wird auch „Palisanderbaum" genannt, da ihr Holz an echtes Palisanderholz erinnert.

Ursprünglich aus Brasilien (von dort stammt auch der Name) kommend, liebt die Jacaranda das südliche Klima Europas und gedeiht in voller Sonne gepflanzt in nährstoffreichen Boden und regelmäßig gegossen gut und problemlos. Je öfter sie gegossen wird, umso schneller wächst sie. Sie bildet Samen aus in Samenkapseln, die in ihrem Aussehen an Austern erinnern. Wer diese Kapseln vorsichtig öffnet, wird dort bis zu 30 Samen vorfinden. Diese Samen gesät in feuchte Erde und nur dünn bedeckt mit Erde werden keimen und junge Pflanzen hervorbringen.

Auch in Afrika ist die Jacaranda häufig anzutreffen, gilt Pretoria doch als Jacaranda-Stadt mit über 70.000 angepflanzten Bäumen.

Die Grevillea Robusta oder Australische Seideneiche

wird ein mächtiger Baum mit ca. 20 Meter Höhe. Im Park „Alameda Joao de Deus" stehen riesige, uralte Exemplare der Grevillea robusta.

Es ist ein launischer Baum, der trotz bester Pflege sterben kann, andererseits aber auch ohne Düngung und nur gelegentlicher Bewässerung gedeiht. Die Grevillea ist immergrün, wechselt aber das ganze Jahr über einzelne Blätter. Die wunderschönen Blüten, die im Mai erscheinen und sich nach ca. 5 Jahren zum ersten Mal zeigen, erinnern an liegende Bürsten mit einer goldgelbe Färbung und rötlichem Inneren.

Die Grevillea mag auch die Nähe anderer Bäume, vor allem anderer Australier, so wie z.B. Akazien und Eukalyptus.

Die Chorisia speciosa oder Florettseidenbaum

kommt aus Südamerika und wird dort als Zierbaum gepflanzt. Zur Zeit erobert dieser Baum den Süden Portugals. Mit ihrem verdickten Stamm, der voll mit Dornen sein kann, und ihren pinkweißen sternförmigen Blüten, ist die Chorisia ein Schmuckstück für jeden Garten. Ihre kugeligen Früchte platzen auf, wenn sie reif sind und geben ihre Wolle frei, in der die Samen eingebettet sind und die Vögel freuen sich dann über neues, weiches Nistmaterial. Die Blätter der Jungpflanzen sehen Cannabisblättern ähnlich und führen auf dem Wochenmarkt bei Kaufinteressenten zu verlegenem Lächeln und manch seltsamer Bemerkung.

Natürlich gibt es noch viel mehr schöne Bäume, die im Algarve-Garten gedeihen, jedoch sind diese fünf vorgestellten für mich die schönsten und robustesten.

4) Obst- und Fruchtbäume

Immer wieder werde ich von Gartenbesitzern gefragt, welche Obstsorten hier im Algarve am besten gedeihen und problemlos im Garten zu kultivieren sind.

Die beste Pflanzzeit für laubwerfende Obstsorten ist auch in den Subtropen das Frühjahr. Allerdings beginnt der Frühling im Algarve schon gleich mit Beginn des Neuen Jahres. Im heißen, trockenen Sommer war das Leben im Boden metertief versteckt. Im Frühling mit den heftigen Regengüssen, den wieder länger werdenden Tagen und der immer kräftiger werdenden Sonneneinstrahlung beginnt alles Leben im Boden und auch in unserem Garten neu.

Die Mandelbäume (Prunus amygdalus) stehen in voller Blüte und die Nespereiras (Eriobotrya japonica) – auch japanische Wollmispel genannt – haben schon die ersten Fruchtansätze. An Ostern sind die ersten wohlschmeckenden Früchte reif. Im Frühjahr werden auf den Märkten der Algarve preiswert verschiedene Obstbäume angeboten. Für die Liebhaber von frischem Obst aus eigenem Garten sind folgende Baumsorten zu empfehlen:

Aprikosen	-	Damasqueiro
Pfirsiche	-	Pessequeiro
Pflaumen	-	Ameixeira
Feigen	-	Figueira
Birnen	-	Pereira
Japanische Wollmispel		-Nespereira
Granatapfel	-	Romanzeira
Oliven	-	Oliveira
Walnuss	-	Nogueira
Mandel	-	Amendoeira
Johannisbrot	-	Alfarrobeira

Wer eine spezielle Sorte möchte, für den sind die im Frühjahr angebotenen „Tütenpflanzen" aus heimischer Produktion zu empfehlen. Das sind Bäume und Sträucher von hoher Qualität, die in Baumschulen kultiviert wurden und für den Verkauf sorgfältig verpackt wurden. Zur Pflanze werden immer noch ein Bild und eine genaue Beschreibung des Inhalts beigegeben. Wenn also z.B. ein roter Apfel abgebildet ist, dann sollte die Verpackung auch einen roten Apfelbaum beinhalten.

Der Kauf eines Baumes ist allerdings Vertrauenssache. Denn wie groß ist die Enttäuschung, wenn nach jahrelanger Pflege die Obstsorte etwas anderes bringt als erwartet.

Apfelbäume, Kirschbäume und Maronen geben nur Früchte, wenn Sie in einem Gebiet leben, in dem einige Tage lang Frost vorkommt. Falls die genannten Sorten keinen Frost abbekommen und dadurch die Blätter nicht verlieren, müssten Sie, um die Blüte anzuregen, die Blätter selbst abzupfen.

Zitrusbäume benötigen viel Pflege, regelmäßige Behandlung mit Insektizid, guten Boden und viel Wasser. Bei Zitrusbäumen ist die Zitrone (z.b. Eureka) noch am leichtesten zu kultivieren. Aber auch Mandarinen und Pampelmusen sind geschmackliche Besonderheiten, für die sich die Pflege lohnt.

Natürlich ist es für Leute aus dem kühleren Norden etwas Besonderes, Zitrusbäume im eigenen Garten zu haben und eigene Orangen, Zitronen oder Mandarinen zu ernten.

Wichtig ist es, den Baum nicht zu groß zu kaufen. Junge Bäume wachsen besser an als alte Bäume und bereiten uns viel Freude am Zuwachs von neuen Blättern und Früchten.

In die Pflanzlöcher sollte guter Humus mit eingebracht werden, aber vorerst kein Dünger, um kräftiges Wurzelwachstum anzuregen. Es ist darauf zu achten, dass sich die Wurzeln in die Tiefe ausdehnen können. Felsen oder eine Gesteinsschicht unter dem Obstbaum können den Baum im Wachstum behindern oder sogar absterben lassen.

Der Abstand von Baum zu Baum sollte mindestens 4 Meter betragen; im Garten jedoch kann auch der Raum zwischen den Bäumen reizvoll gestaltet werden.

Ganz vorteilhaft ist es, Obstbäume mit Zierbäumen zu mischen, welche den Boden lockern, Stickstoff sammeln, Gesteinsschichten aufbrechen und den Obstbäumen Windschutz, Schatten und Humus bieten.

Jetzt werde ich tropische Obst- und Fruchtbäume beschreiben, deren Pflanzzeit jahreszeitlich später ist, nach den Frostnächten.

Mangobäume, aus Kernen selbst gezogen, wachsen im mediterranen Garten sehr gut und werden riesig, geben jedoch nur kleine, faserige Früchte. Deshalb sollten Mangos immer veredelt sein. Sie reagieren empfindlich auf zu viel Dünger und feuchte Winter vertragen einige Sorten nicht.

Avocadobäume (Persea americana) gehören zu den Lorbeergewächsen und es gibt verschiedene Sorten. Die bekannteste davon ist die Avocado „Hass" mit dunklen Früchten. Die Avocado „Bacon" schmeckt tatsächlich nach Bacon und ist nicht jedermanns Sache.

Avocadopflanzen brauchen viel Wasser – mindestens soviel wie Orangenbäume – und viel Dünger. Um Früchte zu bekommen, braucht man mehrere Bäume, da sie zu unterschiedlichen Tageszeiten und früher oder später im Jahr blühen. Avocados sind zweihäusig, d.h. es gibt männliche und weibliche Pflanzen.

Papaya im Garten zu kultivieren ist wirklich schwierig, denn da es in ihren Herkunftsländern trockene Sommer und regenreiche Winter gibt, haben sie Schwierigkeiten sich auf ein mediterranes Klima umzustellen, in dem die Sommer trocken und die Winter nass und recht kühl sind. Wer es dennoch mit Papaya-Pflanzen probieren will, sollte sie in einer von der Wetterseite abgewandten Ecke der Hauswand oder einer Mauer pflanzen, am besten in Kombination mit Bananenstauden. Es gibt immer wieder Leute, die Glück haben und eigene Papaya ernten und die deswegen von ihrer gesamten Umgebung bewundert werden.

Es gibt auch noch die Bergpapaya aus Peru, die zwar prächtig gedeiht, aber deren Früchte zum Rohverzehr nicht geeignet sind.

Deren Früchte bleiben hart und müssen deswegen gekocht oder gebraten werden.

Wer eine leckere Papaya gekauft und verzehrt hat, bekommt sehr viele Samenkerne und kann gern ausprobieren Sämlinge zu ziehen. Diese Pflanzen werden im Sommer prächtig wachsen und vielleicht überlebt doch die eine oder andere davon den Winter.

Bananen:

Bananen: In das Tropeneck des mediterranen Gartens gehören auch Bananenstauden.

Es ist ratsam, dafür eine windgeschützte Ecke zu finden, da dann die großen Blätter der Bananenstaude vom Wind nicht so ausgefranst werden und einfach schöner anzusehen sind. Es gibt übrigens Zierbananenpflanzen und Fruchtbananenpflanzen. In der Kategorie Zierbananen gibt es die Familie der Ensete mit dickem Stamm und riesigen Blättern. Ist eine Ensete am Ende ihrer Lebenszeit angelangt, bekommt sie eine faszinierende Blüte, die je nach Art unterschiedlich aussieht, aber immer sehr schön ist. Nach dieser Blüte stirbt die Mutterpflanze ab, hat aber bis dahin hoffentlich Rizome mit neuen kleinen Bananenstauden ausgebildet. Die Früchte der Ensete sind nicht essbar, enthalten aber keimfähige Samen.

Die Familie der Essbananen ist die Familie der Musas und die ist sehr groß. Werden Pflanzen aus dieser Familie allerdings aus Samen gezogen, sind sie eigentlich nicht essbar, denn wer will bei einer Banane schon auf Samen beißen? An dieser Stelle zu erwähnen ist die aus Samen gezogene „Musa Sikkinensis Red Tiger" und die Darjeelingbanane, aus Burma stammend, die bis in 2000 m Höhe vorkommt und damit bedingt winterhart ist. Sie hat sehr schöne, gemusterte Blätter.

Die essbaren Bananen sind samenlos und werden nur vegetativ vermehrt, meist über Rizome, aber auch im Labor durch Gewebekultur. Letzteres kommt für einen normalen Garten wohl eher nicht in Frage. Allgemein wächst eine Bananenstaude 2 Jahre, bildet dann eine Blüte mit Früchten aus und stirbt danach ab. In diesen 2 Jahren hat sie Ableger gemacht, die wir in der Erde lassen oder aber auch versetzen können. Unter den Essbananen gibt es Sorten, die bis 4 Meter hoch werden, aber auch einige, die nur 2 Meter groß werden, wie beispielsweise die Sorte „Dwarf Cavendish".

Ich empfehle, Bananenstauden aus der Region zu besorgen und anzupflanzen. Dann ist die Wahrscheinlichkeit groß, dass sie sich auch im eigenen Garten wohlfühlen werden. Bananenstauden lieben reichlich Dünger – am besten aus kompostiertem Mist – und einmal die Woche reichlich Wasser, das bis an die Wurzeln kommt und auch die Umgebung mit bewässert.

Die japanische Wollmispel mit Rezepten

Die japanische Wollmispel ist auch bekannt als Japanische Pflaume oder Loquat. Ursprünglich aus China stammend, hat sie sich über Indien in andere Länder bis nach Europa hin verbreitet. Die Wollmispel ist eine sehr gesunde Frucht; sie schmeckt süß-säuerlich und ist reich an Vitaminen, Mineralien, Antioxidantien und Flavonoiden.

Nêsperas werden einfach so gegessen, aber auch verarbeitet zu Marmelade, Kompott und Gelee oder als Zutat für Kuchen verwendet. Hier ein Pflanzenporträt mit Rezepten aus Portugal für Wollmispeln.

Pflanzenporträt: Japanische Wollmispel
(Eriobotrya japonica)

Trotz ihres Namens gehört die japanische Wollmispel zu der Familie der Kernobstgewächse und nicht zu den Mispeln. Der Wollmispelbaum (port. Nespereira) ist eine typische Bauerngartenpflanze, die bis zu 12 Meter hoch werden kann. Der Baum ist anspruchslos und widerstandsfähig und gedeiht auch ohne zusätzliche Bewässerung im Sommer. Wer diesen Baum im Garten stehen hat, wird in der Regel jedes Jahr Früchte erhalten. Wo diese Früchte, auch bekannt als Loquats, auf den Boden fallen und nicht aufgehoben werden, entwickeln sich problemlos neue Pflänzchen. Bei zu viel Winterregen und damit Feuchtigkeit bekommen die Früchte leider braune Flecken und verderben. Um das zu verhindern, können die Stämme mit einem Antipilzmittel gekalkt werden. Die Bäume tragen zwischen März bis September, je nach Art. Wenn Nêsperas voll reif sind, zeigt sich das durch kleine braune Flecken auf der Schale. Die reifen Früchte sind von dunkelgelber bis helloranger Farbe und setzen sich dekorativ von der dunkelgrünen Blattfarbe der länglichen Blätter ab. Die Mispel hat im Inneren mehrere dunkelbraune und große Kerne, aus denen man ganz einfach neue Pflanzen ziehen kann.

Warum sind japanische Wollmispeln gesund?

Sie weisen viele entzündungshemmende Antioxidantien auf, die freie Radikale fangen und unterstützen so Immunsystem und Kreislauf und wirken außerdem gegen

Entzündungen und degenerative Krankheiten. Die Früchte haben einen hohen Wasseranteil und wirken entwässernd; sie weisen einen hohen Anteil an Fasern auf. Ein allgemein bekannter Inhaltsstoff ist Pektin, das präventiv wirksam ist gegen eine übermäßige Ansammlung von Giftstoffen im Dickdarm und diese sogar verringern kann. Durch den hohen Faseranteil schützen sie die Schleimhäute des Magens und des Darms allgemein.

Nêsperas sind reich an Vitamin A, ein Vitamin, das für die Gesundheit und den Schutz der Haut verantwortlich ist. Sie weisen viel Kalium auf, das verantwortlich ist für die Kontrolle des Natrium-Niveaus und tragen deshalb dazu bei, die Körper-Flüssigkeiten im Gleichgewicht zu halten. Neben dem Natrium helfen dabei ihre Mineralien Mangan, Magnesium, Eisen, Kupfer und das Vitamin A mit, den Blutdruck zu kontrollieren. Diese Mineralien sind auch für die Bildung der roten Blutkörperchen verantwortlich. Ihr Vitamin C-Gehalt wiederum hilft dem Körper dabei, Eisen aus Nahrung aufzunehmen. Der hohe Vitamin A-Anteil ist außerdem gut für die Augen, für gute Zähne und stabile Knochen.

Wie werden japanische Wollmispeln verwendet? Rezepte aus Portugal

Die ersten Wollmispeln schmecken frisch gepflückt direkt vom Baum sehr gut. Aber wenn viele reif werden, ist es ratsam sie haltbar zu machen als Gelee, Kompott, Marmelade oder Chutney. Weniger lang hält ein Mispel-Kuchen, denn der ist so lecker, dass er garantiert schnell aufgegessen wird. Das einzig Zeitraubende dabei ist, die Nêsperas vorzubereiten. In vielen Rezepten müssen die Kerne und der Blütenansatz entfernt werden. Manchmal sollen die Früchte geschält und von der Innenhaut, die das Fruchtfleisch und die Kerne voneinander trennt, befreit werden. Es ist empfehlenswert, Küchenhandschuhe bei der Verarbeitung zu tragen, weil die Früchte die Finger dunkelbraun färben.

Für ein leckeres *Chutney* werden benötigt: 2 kg Früchte, 1 kg Zucker, 500 g gewürfelte Zwiebeln, ein Stück Ingwer und 4 Knoblauchzehen (beides fein geschnitten), 1 l Essig, mindestens 3 TL Zimt- und Chili-Pulver, Pfeffer und Salz. Zubereitung: alle Zutaten in einem großem Topf mischen, zum Kochen bringen und auf kleiner Flamme bis zu drei Stunden einkochen lassen. Danach noch heiß in vorbereitete Gläser abfüllen.

Rezept: Nêspera-Kuchen

Zutaten: 25 Wollmispeln, 4 Eier, 200 g Zucker, 250 g Mehl, 1 TL Backpulver, 4 EL Margarine oder Butter, 2 EL Milch, 6 EL Zucker. Zubereitung: die Eier aufschlagen und mit den 200 g Zucker zu einer cremigen Masse verrühren. Dann das Mehl und das Backpulver zugeben, danach die weiche Margarine oder Butter (man kann sie auch zuerst erwärmen, zerlaufen und wieder etwas abkühlen lassen und dann flüssig zugeben) und die Milch mit unterrühren und alles miteinander ein paar Minuten lang verrühren. Ein viereckiges Backblech einfetten und bemehlen und darauf den Kuchenteig verstreichen. Die Mispeln waschen, teilen und entkernen, mit der Schale nach oben auf den Teig legen und sie etwas andrücken. Mit insgesamt 6 EL Zucker bestreuen vor und während des Backens. Im vorgeheizten Backofen bei mittlerer Hitze ungefähr 40 Minuten lang backen.

Rezept: Mispel-Kompott mit Zimt.

Zutaten: Mispeln ohne Kerne und Schale und außerdem auch ohne die Innenschale, die das Fruchtfleisch von den Kernen trennt. Das Gewicht dieser vorbereiteten Nêsperas ist ausschlaggebend für die Menge des benötigten Zuckers: halb soviel braunen Zucker verwenden wie die Menge an gereinigten Mispeln. Zimtstangen (jeweils 2 für 500 g vorbereitete Früchte).

Zubereitung: alle Zutaten in einen Topf geben, mit einem Kochlöffel vermischen, zum Kochen bringen und auf kleiner Flamme 60 – 80 Minuten weiter köcheln lassen. Hin und wieder umrühren. Sobald sich Schaum obenauf bildet und die Früchte sich am Topfboden festsetzen wollen, ist die Marmelade fertig und kann in vorbereitete Gläser abgefüllt werden.

Wer möchte, darf die Zimtstangen ersetzen durch sehr fein geschnittene Orangenschalen aus Bioanbau.

Das fertige Kompott kann serviert werden mit salzigen Kräckern, mit Frischkäse oder mit Vanille-, Sahne- und Karamelleis.

Gelee und Marmelade
Rezept: Wollmispel-Gelee ohne Kerne

Zutaten: 1 kg Mispeln, ½ kg Zucker, 1 Schnapsglas Wasser. Zubereitung: Die Früchte waschen und entkernen ohne sie zu schälen. Zusammen mit dem Wasser in einen großen Topf füllen, aufkochen und 20 bis 30 Minuten lang köcheln lassen, bis die Früchte sehr weich sind. Danach durch ein Sieb streichen. In den so gewonnenen Fruchtbrei den Zucker einrühren und alles nochmal zum Kochen bringen.

Wer will, kann noch den Saft einer Zitrone beimischen. Kochen lassen, bis sich die Masse vom Topfboden löst und dann in vorbereitete Gläser abfüllen.

Rezept: Wollmispel-Gelee mit Kernen

Zutaten: 1 kg Mispeln, Kristallzucker und Wasser Zubereitung: Die Mispeln gut waschen und vierteln, nicht entkernen, sondern mitsamt der Kerne in einen Topf füllen. Soviel Wasser zugeben, dass die Nêsperas gut bedeckt sind. Auf großer Flamme zum Kochen bringen und danach auf kleiner Flamme 1 Stunde lang weiter köcheln lassen. Die Früchte müssen dabei immer mit Wasser bedeckt sein, wenn nötig noch Wasser zugießen. Danach die Flüssigkeit durch ein Sieb passieren, wiegen und mit der gleichen Menge an Kristallzucker in den Topf füllen. Auf großer Flamme aufkochen und weitere 15 Minuten lang kochen lassen, dabei regelmäßig umrühren. Das Gelee ist fertig, wenn ein Tropfen davon auf einem Teller gegossen nicht mehr auseinander läuft.

Rezept: Mispel-Marmelade
Zutaten: 1 kg Mispeln, 1 kg Zucker, 4 ganze Jamaica-Pfefferkörner. Zubereitung: Die Früchte waschen und abtrocknen, ohne sie zu schälen. Die Kerne und Fruchtansätze entfernen. Danach die Früchte in einem Mixer oder mit einem Zauberstab zu einem groben Fruchtpüree verarbeiten. Dieses Fruchtpüree in einen Topf füllen, den Zucker und die Pfefferkörner dazugeben und alles gut miteinander verrühren. Mit mittlerer Hitze zum Kochen bringen, ungefähr 25 Minuten lang kochen lassen und dabei öfters umrühren. Die Marmelade ist fertig, wenn man einen kleinen Teil davon auf einen Teller füllt, mit dem Kochlöffel eine Straße durch zieht und diese sich nicht mehr schließt. Dann die Marmelade in vorbereitete Gläser füllen.

Der Granatapfelbaum und seine Früchte

Der Granatapfelbaum, botanischer Name Punica granatum aus der Pflanzenfamilie der Weiderichgewächse und seine Früchte haben eine Jahrtausend lange Geschichte, sie werden sogar schon in der Bibel erwähnt und reichen bis in das Alte Ägypten zurück. Ihre ursprüngliche Heimat ist vermutlich Asien.

Ein Granatapfelbaum ist eher klein und wird nur bis fünf Meter hoch, oft auch als Busch gezogen. Er hat harte, sommergrüne Blätter und Dornen am Stamm und er kann mehrere hundert Jahre alt werden. Unter 10 Grad Celsius ist er laubabwerfend und somit im Winter kahl. Ansonsten ist er robust, liebt als Standort volle Sonne, möchte im Sommer regelmäßig bewässert werden ohne Staunässe und kann auch kurze Trockenzeiten aushalten. Wer Granatäpfel gern mag, kann sich eine schöne und nützliche Hecke mit ihnen anpflanzen. Granatapfelbäume können aus den frischen Kernen (Samen) oder aus Stecklingen gezogen werden.

Die Blüten erscheinen im Frühjahr und Sommer und sind sehr dekorativ: rot und orange. Die Früchte werden im Herbst und Winter reif, wenn die lederartige Schale der Früchte leicht rissig wird. Es gibt viele verschiedene Sorten, im Algarve sind rote und eher blasse Granatäpfel anzutreffen. Zu erwähnen ist noch die Sorte punica granatum nana, eine Zwergform mit kleinem Wuchs, kleinen Blüten und kleinen Früchten, die jedoch nicht gegessen werden können, sondern nur den Garten verschönern.

Wer einen Granatapfel aufschneidet, entdeckt darin viele kleine rote Samenkerne, symmetrisch angeordnet, eingebettet in rotes Fruchtfleisch und umrahmt von weißen Fruchtwänden.

Die roten Komponenten sind saftig, die weißen Fruchtwände enthalten Bitterstoffe und sollten vor dem Verzehr entfernt werden. Die äußere Schale ist zäh und ledrig und schützt die Frucht vor äußeren Einflüssen so gut, dass sie wochenlang gelagert werden kann.

Granatäpfel oder Granatapfelsaft regelmäßig zu konsumieren, lohnt sich auf alle Fälle, denn sie sind sehr gesund. Und was einen Granatapfel so gesund macht, sind viele Vitamine (auch Vitamin C), Mineralstoffe (unter anderem Calcium, Kalium und Eisen) und Flavonoiden – sogenannte sekundäre Pflanzenstoffe - die als Antioxidantien wirken, das Immunsystem verbessern und bei der Zellregenerierung helfen.

Die Liste der positiven Nebenwirkungen dieser Früchte bei regelmäßigem Verzehr als Saft oder als ganze Kerne nebst Fruchtfleisch ist lang und um nur einige zu nennen, sie können den Blutzuckerspiegel und den Cholesterinspiegel positiv beeinflussen, Entzündungen hemmen (auch in den Gelenkknorpeln) und durch ihre Bitterstoffe bei Verdauungsproblemen helfen.

Tipps für die Verwendung von Granatäpfeln

Im Herbst werden im Süden Portugals die Granatäpfel reif. Im Algarve sind viele dieser Bäume angepflanzt und sie tragen dann nicht nur 20 reife Granatäpfel, sondern sehr viel mehr. In manchen Gärten fallen viele davon ungenutzt zu Boden, weil die Gartenbesitzer solchen Mengen nicht bewältigen können und in fast allen Supermärkten und Markthallen werden sie zu einem geringen Kilopreis angeboten. Was also tun, wenn man von einem Angebot an diesen nachweislich sehr gesunden Früchten überschwemmt wird oder wenn man selbst einen solchen Baum mit vielen reifen Granatäpfeln im Garten stehen hat? Hier einige einfache Verwendungsmöglichkeiten auch für größere Mengen dieser Früchte.

Drei einfache Wege einen Granatapfel zu öffnen

1. Der Breite nach mit einem scharfen Messer aufschneiden und dann die Kerne mit einem Suppenlöffel vorsichtig herausholen. Der Nachteil bei dieser Methode ist, dass die wei-

ßen Häutchen, in denen die Kerne eingebettet sind, nicht gut entfernt werden können. Allerdings sollen gerade diese aber auch besonders gesund sein, weil sie viele Bitterstoffe enthalten, aber genau deswegen nicht gut schmecken.
2. Den Granatapfel wieder der Breite nach aufschneiden und dann die Hälften jeweils in einer Schüssel unter Wasser halten um die Kerne zu entfernen. Diese „Tauchmethode" ist beliebt, weil die weißen Häutchen auf der Wasseroberfläche schwimmen und dort leicht abgeschöpft werden können und außerdem gibt es so keinen ungewollten Granatapfelsaft auf den Küchenfliesen. Ein Nachteil davon ist, dass die Granatapfelkerne nun im Wasser schwimmen und wieder abgeseiht werden müssen. Reiner Granatapfelsaft aus gequetschten Kernen geht dabei verloren. Wer allerdings Granatapfelsaft im Mixer zubereiten möchte, ist hier richtig: die Kerne mitsamt dem Wasser und ohne weiße Häutchen in den Mixer füllen, auf den Knopf drücken und fertig ist der Saft. Auch die Kerne sind übrigens sehr gesund und sollten nicht weggelassen werden. Ein guter Mixer wird sie

klein genug zerhacken, damit sie beim Safttrinken nicht stören.

3. Meine Lieblingsmethode ist die Kochlöffelmethode, sie ist noch einfacher und kommt ohne Wasser aus. Den Granatapfel wird der Breite nach aufschneiden und eine Hälfte mit der Schnittfläche nach unten über eine Schüssel halten. Mit der Hand die Fruchthälfte etwas massieren, um die Kerne zu lockern und dann mit einem Holzlöffel kräftig auf die Außenseite der Frucht schlagen (Vorsicht: Finger nicht erwischen). Dazwischen immer mal wieder die Granatapfelhälfte drücken um die Kerne noch weiter zu lockern. Auf diese Weise ergibt sich innerhalb kurzer Zeit eine Schüssel gefüllt mit roten, saftigen Granatapfelkernen, ohne weiße Haut, die in der Schale verbleibt. Und reiner Saft geht auch nicht verloren. Mit etwas Übung gibt es auch hier keinen umher spritzenden Granatapfelsaft und wer auf Nummer Sicher gehen will, stellt die Schüssel am besten in ein leeres Spülbecken.

Einfache Verarbeitungsmöglichkeiten für Granatäpfel in größeren Mengen

- ganz einfach können Granatäpfel mit einer *Zitruspresse* (gern auch ein elektrisches Modell) ausgepresst werden. Der gewonnene Saft kann pur oder mit Wasser verdünnt getrunken werden, eine Zutat für einen Drink oder ein Fruchtcocktail sein und kann sogar problemlos eingefroren werden. Eine praktische Idee ist es, den Saft in Eiswürfelbehälter einzufrieren und ihn dann je nach Bedarf portionsweise zu entnehmen.

- wer frischen Granatapfelsaft als Zutat für einen *Smoothie* verwenden möchte, sollte lieber eine der anderen Methoden zur Saftgewinnung auswählen und die ganzen Fruchtsamen mitsamt Kernen verwenden.

- aus Granatäpfeln kann man sehr einfach den berühmten *Grenadine* oder Granatapfelsirup selbst herstellen: dazu zwei große Granatäpfel in einen Topf mit einem Löffel ausschaben,

200 ml Wasser und 250 g Zucker dazugeben, alles umrühren und einige Minuten lang aufkochen lassen. Den heißen Grenadine abkühlen lassen, abseihen und in vorbereitete Flaschen füllen. Im Kühlschrank aufbewahrt hält er sich einige Wochen.

- einfach lässt sich leckerer *Granatapfelessig* herstellen: man benötigt dazu 1 l Weinessig, 3 reife Granatäpfel und 3 EL Honig. Die herausgelösten Kerne werden zusammen mit dem Honig in große Gläser gefüllt und mit dem Essig aufgegossen. Nach 2-3 Wochen Lagerung an einem dunklen Ort ist der Granatapfelessig fertig zum Verbrauch.

- in einem Selbstversuch haben wir *Granatapfelwein* hergestellt: eine dickwandige, leere Sektflasche haben wir zur Hälfte mit Granatapfelkernen und frisch gepresstem Granatapfelsaft gefüllt und anschließend mit gärfähigem Apfelsaft aufgegossen. Ganz wichtig ist es dann, die Flasche nicht mit einem Korken, sondern mit einem Gäraufsatz zu verschließen, der den Gärgasen erlaubt ungehindert zu entweichen. Die Flasche mehrere Wochen lang ein einem möglichst warmen Ort stehen lassen und beobachten, ob eine Gärung sichtbar wird. Wenn ja, ist man auf einem guten Weg. Der fertige Wein sollte klar sein und muss vor der Verkostung abgeseiht werden. Wird er auch nach längerer Zeit nicht klar, ist es schiefgegangen, aber keine Sorge, im schlimmsten Fall hat man wieder Granatapfelessig produziert.

Der Maulbeerbaum

Irgendjemand muss uns nach unserer Ankunft in Portugal den Floh ins Ohr gesetzt haben, Maulbeerbäume zu pflanzen. Da auf unserer Farm alle Maulbeerbäume beim Hühnergehege stehen, war es wahrscheinlich der Tipp eines Permakulturanhängers oder eines Hühnerliebhabers.

Ich pflanzte zwei weiße Maulbeerbäume mit weißen Früchten, einen mit schwarzen Früchten, die vom Aussehen her Brombeeren ähneln und der uns leider vertrocknet ist, einen mit riesigen Blättern (den „Spinatbaum") und einen veredelten, der schwarze, süße und weiche Früchte bekommt.

Es gab eine Baumschule in Faro mit einem alten, portugiesischen Chef, der die Pflanzen noch selbst vermehrte und besessen von Maulbeerbäumen war. Diese Baumschule ist mittlerweile geschlossen, der Inhaber verstorben, aber die Liebe zu den Maulbeerbäumen wurde an mich weitergegeben.

Klassifizierung

Es gibt den Maulbeerbaum mit weissen Früchten *Morus branca*, den mit schwarzen Früchten *Morus nigra* und den mit roten Früchten *Morus rubra*.

Die *Morus branca* wächst bei ausreichender Bewässerung und Düngung sehr schnell bis zu 4 m hoch und ist ab Mai/Juni voll mit Früchten. Später, im erwachsenen Stadium, ist sie sehr robust gegen Trockenheit. Diese Früchte sind sehr süß und gut geeignet zum Trocknen. Unsere beiden Pferde liebten es kurz mal den Kopf zu heben und einen sich mäulevoll Blätter und Früchte des weißen Maulbeerbaumes zu sichern. Anfangs wussten wir auch nicht, ob für Pferde Maulbeerbäume bekömmlich sind, aber für Leila und Tao waren sie unwiderstehlich und sehr verträglich.

Die *Morus nigra* hat dunkelblaue, fast schwarze Früchte, wobei der Saft dieser Früchte rot ist. Es gibt drei Sorten des ursprünglichen Morus nigras: 1) einer mit kleinen Blättern, die ungefähr 10 cm groß und ahornförmig sind, und der viele kleine brombeerähnliche Früchte bekommt, die sehr wohlschmeckend sind. Dieser Morus nigra kann als Baum 4 bis 5 m hoch werden oder als Busch auf 2 bis 3 m geschnitten werden. Wir hatten unseren Morus nigra wachsen lassen und hatten reiche Ernten, dann hat es weniger geregnet und er ist vertrocknet. Mein Fazit: diesen brombeerähnlichen Morus nigra in trockenen Gebieten oder Jahreszeiten ausreichend gießen. 2) den Morus nigra mit den riesigen Blättern, die 20 cm und größer sind, und langen hängenden Zweigen. Dieser Baum ist ca. 4 m hoch und hat die Form einer Halbkugel. Unsere Hühner lieben es nachts aufzubaumen und in diesem Zelt aus grünen Blättern zu schlafen. Früchte gibt er nur vereinzelte, schwarz und süß, sonst produziert er nur Blätter und zu diesem Zweck wurde er vor tausenden von Jahren in China für die Seidenraupenzucht kultiviert, die Blätter dienen den Seidenraupen als Nahrung. Durch den früheren, kriegsbedingten Bedarf an Fallschirmseide kam der „Spinatbaum" auch nach Europa.

3) Dieser Morus nigra oder Amoreira, bei dem Portugiesen glänzende Augen bekommen, ist so anders als seine verwandten Brüder. Den ersten dieser Sorte habe ich in Faro auf einem unbewirtschafteten Grundstück gesehen. Er war 3-4 m hoch, wurde nie gegossen, hatte 1 m Stammdurchmesser mit Ästen, die heruntergebrochen vom Boden her wieder nach oben gewachsen sind und voll mit dunklen, matschigen zuckersüßen Früchten, die kaum zu pflücken sind, ohne dass man sich völlig mit rotem Saft bekleckert. Meiner Meinung nach haben die Phoenizier diesen Baum aus Persien mitgebracht und die Mauren haben ihn während ihrer Herrschaft in Portugal kultiviert. Er treibt erst im Mai aus, was zeigt, wir wärmeliebend er ist.

Ich nenne ihn den „persischen Maulbeerbaum" oder vielleicht auch MoMo, da ich noch zwei uralte weitere persische Maulbeerbäume in Moncarapacho entdeckt habe und Samen und Hölzer für Stecklinge von den Bäumen in meiner Kleinstadt gewinne.

Ich hatte einen Freund aus Syrien, den „Mike", der mir aus seiner Kindheit in Syrien erzählt hat, als er und die anderen Kindern nach der Schule zum Fluss gegangen sind, um von den Maulbeerbäumen die Früchte zu naschen. Die weißen Maulbeeren waren gut und konnten besser heimlich vertilgt werden, bei den blauen waren die Spuren sichtbar und dann konnte es schon mal Ärger mit der Mutter geben, die bereits mit dem Abendessen zu Hause wartete, denn die Saftflecken an Händen und Kleidung haben die Kinder verraten.

Neben den tausendjährigen Maulbeerbäumen wie der von 1024 in der Benediktinerabtei Brauweiler „Mathildas Traum", der ab 2018 zu erwerben sein wird, und Chelsea oder King James aus dem 17. Jahrhundert, gibt es neue Züchtungen, die pflegeleichter sind als der persische Maulbeerbaum und die auch in kälteren Regionen gedeihen. Die immer beliebter werdenden Maulbeerbäume sind eigentlich ein Mysterium und kaum erforscht.

Zwei Rezepte mit Maulbeeren

Muffins mit Maulbeeren und Bananen

Zutaten: 80 ml Vollmilch, 6 EL weiche Butter ohne Salz, 1 Ei und 1 Eigelb, 180 g Mehl, 2 EL Backpulver, 135 g Zucker, 2 reife Bananen, eine Prise Salz, ungefähr 200 g reife und gewaschene Maulbeeren, Zucker zum Bestreuen
Zubereitung: Den Backofen auf hohe Temperatur vorheizen. In einer Schüssel Ei, Milch und Butter mischen. In einer anderen Schüssel die trockenen Zutaten vermischen: Zucker, Mehl, Backpulver, Salz. Dann die beiden reifen Bananen mit einer Gabel gut vermatschen. Die Inhalte der beiden Schüsseln und das Bananenmus miteinander so lange vorsichtig verrühren, bis eine einheitliche Masse entstanden ist. Dann 12 Cupcake-Formen ausfetten und den Teig einfüllen.

In jede Form 2-3 Maulbeeren setzen und vorsichtig mit dem Teig vermischen, damit sie ungefähr in die Mitte der Teigmasse rutschen. Sind die Maulbeeren sehr groß, können sie halbiert werden. Dann sofort im vorgeheizten Backofen 20-25 Minuten backen lassen, bis die Oberfläche der Cupcakes gebräunt ist und die man einen Holzstab hineinstechen kann, ohne dass noch Teig daran kleben bleibt. Dann aus dem Ofen herausnehmen und abkühlen lassen, danach aus den Formen nehmen und vor dem Servieren noch mit etwas Zucker bestreuen.

<u>Gelee aus Maulbeeren</u>

Als Faustregel bei den *Zutaten* gilt: man nehme 1 Maß Maulbeeren, ½ Maß Zucker und ½ Maß Wasser.

Zubereitung:

Die kleinen Stiele der Maulbeeren entfernen. Danach die Maulbeeren zusammen mit dem Zucker in einen Topf geben und aufkochen lassen, dabei mit einem Kochlöffel hin und wieder umrühren. Nach dem Aufkochen die Temperatur herunterschalten, den Zucker zugeben und auf dem Herd weiter köcheln lassen bis es leicht eingekocht und etwas dicker ist. Dieses Maulbeer-Gelee kann gleich verwendet oder abgekühlt im Kühlschrank einige Tage aufbewahrt werden. Dabei beachten, das Gelee nicht zu dick einkochen zu lassen, weil es im kalten Zustand sowieso noch dicker wird.

Und wer ein Gelee ganz ohne Fruchtstückchen haben möchte, der gibt anfangs die Maulbeeren und das Wasser in einen Mixer, mixt kurz durch und streicht die Masse durch ein Küchensieb. Die Flüssigkeit auffangen und mit Zucker aufkochen und etwas einkochen lassen.

Medronheiro, der Erdbeerbaum aus Portugal

Wer zum ersten Mal eine sogenannte Baumerdbeere (Medronho) isst, wird vielleicht enttäuscht sein. Sie hat kaum einen Eigengeschmack und schmeckt schon gar nicht nach Erdbeeren. Im Mund wird man einen Fruchtbrei mit harten Kernen haben, den Samen, die in der Haut eingebettet sind. Baumerdbeeren kann man allerdings sehr gut zu Portugals berühmten und sehr guten Baumerdbeerschnaps (Aguardente de Medronho) weiterverarbeiten oder selbst zu Kompott oder Likör.

Pflanzenportrait Medronheiro oder Erdbeerbaum

Die Pflanze des Erdbeerbaumes, der Medronheiro oder Arbutus unedo, ist ein Busch oder kleiner Baum mit immergrünen Blättern, der durchschnittlich 2-3 m hoch wird. Der Erdbeerbaum wächst in Wäldern, in unkultivierten Landstrichen, in steinigen Gebieten und als Wildform immer in sauren Böden. Er gehört zu den Heidekrautgewächsen und kann Frost bis −15 Grad vertragen. Deshalb ist ein Medronheiro auch in nördlicheren Lagen als Garten- oder Kübelpflanze geeignet.

In Portugal wird ein Medronheiro als Fruchtbaum oder als Zierbaum kultiviert. Er ist sehr schön anzusehen, wenn die heranreifenden Früchte den grünen Blätter Farbtupfer verleihen. Die Blüte beginnt im Spätsommer mit weißlichen, glockenförmigen Blüten, die in Büscheln ausgebildet werden und teilweise gleichzeitig mit den ersten Früchten zu sehen sind.

Die Früchte (Medronhos) sind runde Beeren, gelblich bis rot, mit ungefähr 3 cm Durchmesser und hängen von November bis Januar an der Pflanze. Ihre Form und Farbe kann man mit Erdbeeren vergleichen, daher auch der Name. Unreif sind sie von außen grün und färben sich dann über gelb mit zunehmender Reife immer mehr in orange und rot.

Sie sind innen gelb-orange gefärbt und zuerst fleischig und bei voller Reife mehlig schmeckend. Aus den roten und reifen Beerenfrüchten wird Likör oder Schnaps hergestellt oder sie werden eingemacht, weil sie frisch gegessen eigentlich nicht sehr spektakulär schmecken.

Der berühmte Schnaps aus Portugal: Aguardente de Medronho

Der bekannte Schnaps Aguardente do Medronho wird aus den reifen Beeren hergestellt. Es ist ein klarer Schnaps mit weichem Abgang. Um ihn herzustellen werden die von Hand geernteten Beeren in Holz- oder Tontanks fermentiert. In größeren Destillen werden sogar Zementbehälter verwendet. Die Fermentierung oder alkoholische Gärung geschieht auf natürlichem Weg ohne jegliche Zusätze und dauert zwischen 30 und 60 Tage. Die Behälter müssen dabei an der Oberfläche bedeckt sein mit zerdrückten Früchten, um einen Kontakt mit der Luft zu verhindern. Auf 5 Teile Früchte wird 1 Teil Wasser zugegeben. Nach der Fermentierung muss das so gewonnene Zwischenprodukt 60 Tage lang sorgfältig ruhen, vor Kontakt mit Luft gut geschützt. Dieses Produkt kann dann destilliert werden in Alambiques, den traditionellen mehrteiligen Destillen aus Kupfer oder in größeren, industriellen Destillen. Bei der Destillation werden Flüssigkeiten und deren Gemische, die unterschiedliche Siedepunkte haben, durch Kondensation voneinander getrennt und gereinigt. Das Endprodukt ist Aguardente do Medronho. Hat er eine gute Qualität, ist er durchsichtig, riecht und schmeckt nach der Frucht und weist zwischen 40 und 50 Prozent Alkohol auf. Da für seine Herstellung viele Baumerdbeeren benötigt werden, ist er nicht sehr preiswert.

Der beste Baumerdbeer-Schnaps wird übrigens im Algarve mit Früchten aus dem Algarve hergestellt, sagen die Portugiesen.

Rezepte zum Selbermachen: Erdbeerbaumkompott und Erdbeerbaumlikör

Compota de Medronho

Sind die Baumerdbeeren sehr reif, fallen die roten Früchte gern auf den Boden. Genau jetzt ist die Zeit diese aufzulesen und daraus Kompott oder Likör zu machen.

Zutaten: 500 g Medronhos, 350 g Zucker, eine Zimtstange.

Zubereitung: die Baumerdbeeren sorgfältig verlesen und waschen. Dann alle Zutaten in einem Topf miteinander vermischen, aufkochen und weiter 40 Minuten lang köcheln lassen. Die Masse anschließend mit einem Küchenstab pürieren und solange auf kleiner Flamme weiterköcheln lassen, bis der Karamellisierungspunkt erreicht ist (bei 117 Grad oder wenn die Flüssigkeit mit einem Schaumlöffel aufgenommen wird, zieht sie Fäden).

Dann die Zimtstange wieder herausnehmen und das nun fertige Kompott noch heiß in sterilisierte Gläser abfüllen. Die Gläser verschließen und für einige Minuten auf den Kopf stellen, damit sich ein Vakuum bilden kann.

Rezept: (Licor de Medronhos)

Zutaten: 1 l klarer Schnaps, 1 kg Medronhos, 500 g Zucker, 250 ml Wasser

Zubereitung: Die Baumerdbeeren in den Schnaps geben. Den Zucker im Wasser durch Rühren auflösen, zum Kochen bringen und zwei bis drei Minuten lang kochen lassen. Danach wieder abkühlen lassen und dann mit der Schnaps-Fruchtmischung vermischen. Alles zusammen 6 Monate lang ziehen lassen. Wenn die sechs Monate um sind, kann der Likör abgeseiht und in Flaschen abgefüllt werden.

Ein Erdbeerbaum für den eigenen Garten

Wer einen Medronheiro im eigenen Garten anpflanzen möchte, sollte folgendes beachten:

Ein optimaler Standort ist möglichst sonnig und windgeschützt. Umso sonniger der Standplatz ist, umso reicher wird die Blüte und Fruchtbildung ausfallen.

Der Boden sollte kalkarm, locker und durchlässig sein.

Staunässe mag die Pflanze nicht. Deswegen ist es wichtig, moderat zu gießen, um Austrocknung einerseits und Staunässe andererseits zu vermeiden. Trockenheit sollte vermieden werden, kurze Trockenheit kann der Erdbeerbaum jedoch überleben.

Einen stärkeren Rückschnitt vertragen nur kleine Pflanzen. Ansonsten gilt, am besten einen Medronheiro am Ende des Winters zurückschneiden, vor dem Austrieb und einer Fruchtbildung oder im Herbst nach der Ernte.

Überwintern: wird der Erdbeerbaum in nördlichen Regionen gepflanzt oder als Kübelpflanze gehalten, muss er überwintern. Er verträgt bis – 15 Grad, wenn er gut isoliert wird durch Anmulchen oder einem Vlies-Schutz und muss auch im Winter im Freien gepflanzt manchmal gewässert werden. In der Wohnung überwintert er bei 10 bis 15 Grad an einem hellen Standort am besten und er wird moderat gegossen.

Der Johannisbrotbaum, Johannisbrotmehl und Johannisbrotkernmehl

Aus den Johannisbrotschoten - auch Carob genannt - kann sowohl Johannisbrotmehl, als auch Johannisbrotkernmehl gewonnen werden.

Ein Johannisbrotbaum kann bis zu zwanzig Meter hoch werden und eine Baumkrone bis zu fünfzehn Meter Breite ausbilden und dennoch gehört er botanisch betrachtet der Familie der Hülsenfrüchtler und Leguminosen an, genauso wie dicke Bohnen oder Erbsen.

Aus seinen reifen Schoten wird Johannisbrotmehl und Johannisbrotkernmehl gewonnen. Beides hat gesundheitsfördernde Eigenschaften und wird bei der Herstellung von Lebensmitteln verwendet.

Wissenswertes über den Johannisbrotbaum

Der Johannisbrotbaum ist eine Kulturpflanze des Südens und als solche sehr unempfindlich gegen Trockenheit und Hitze. Einmal gepflanzt und im ersten Jahr regelmäßig angegossen, übersteht er ab einer gewissen Höhe niederschlagsfreie Sommer in Portugal ohne künstliche Bewässerung, wie viele anderen nützlichen Pflanzen auch. Er ist anspruchslos, gedeiht auch auf nährstoffarmen Böden und benötigt keinerlei Pestizide, um jedes Jahr wieder gesunde Johannisbrotschoten zu bilden. Diese sind auch unter dem Namen "Carob" bekannt oder als "Alfarroba" in Portugal. Interessanterweise benötigt der Baum Salzluft zum Leben und wächst von daher nur in Meeresküstennähe.

Er ist in vielerlei Hinsicht nützlich, denn als Leguminose verbessert er die Beschaffenheit des Bodens und seine Früchte werden geerntet und verwertet, auch das Baumholz eignet sich gut als Brennholz oder für die Herstellung von Möbeln oder Türen. Die Schoten werden bis zu fünfundzwanzig Zentimeter lang und benötigen fast ein Jahr von der Blüte, über das Heranwachsen im grünen, unreifen Zustand bis zur Ernte. Einhundert Kilogramm geerntetes Johannisbrot für einen ausgewachsenen Baum sind keine Seltenheit.

Noch vor vierzig Jahren konnte ein portugiesischer Bauer, der auf seinem Grund fünfzig Johannisbrotbäume kultiviert hatte, vom Verkaufserlös des Johannisbrotes ein ganzes Jahr lang leben. Mittlerweile sind die Ankaufspreise für die Schoten sehr gesunken, diese werden aber immer noch geerntet und verwertet. Die Ernte findet im Hochsommer statt, wenn die Schoten ihre reife, dunkelbraune Farbe zeigen.

Mit langen Stöcken werden sie vom Baum geschlagen und danach vom Boden aufgesammelt. Und anschließend in Säcken verpackt zu den Ankaufsstellen gebracht. Dort werden die Schoten maschinell von den Kernen getrennt. Die Schoten werden im nächsten Arbeitsschritt ebenfalls maschinell entweder in kleine Stücke geschnitten und als Tierfutter weiterverkauft oder zu Mehl gemahlen.

Die sehr harten Kerne in den Schoten haben bis auf minimale Abweichungen immer das gleiche Gewicht: Zweihundert Milligramm. Diese Tatsache wusste man schon in der Antike zu schätzen und benutzte sie als Wägeeinheit für Diamanten. Die heute Bezeichnung Karat für die Größe eines Diamanten erinnert daran.

Johannisbrotmehl und seine Eigenschaften

Dieses Mehl ist ein mittelbraunes Pulver, das hergestellt wird aus dem getrockneten, gemahlenen und anschließend gerösteten Fruchtmark der Schote.

- **Zusammensetzung:** das Johannisbrotmehl oder Carobpulver ist sehr fettarm (1 % Fett) und verfügt über einen natürlichen Zuckergehalt. Es beinhaltet ca. 40 % Stärke und Ballaststoffe, 5 % Eiweiß und 3,5 % Mineralstoffe. Außerdem Vitamin A, B und Eisen und Calcium.
- **Kulinarische Anwendung**: in der Algarve wird es verwendet zur Zubereitung von Kuchen, Torten und Johannisbrotlikör. Wegen seines natürlichen

Zuckergehalts eignen sich Kuchen mit Johannisbrotmehl gebacken, anstelle von Weizenmehl, sehr gut für Diabetiker und können Bestandteil einer gluten freien Ernährung sein. Der Geschmack des Alfarrobamehls erinnert an Kakao und ein damit gebackener Kuchen an einen Schokoladenkuchen. Carobpulver kann auch generell als Ersatz für Kakao verwendet werden.

- **Bei Darmerkrankungen**: es kann zur Darmsanierung benutzt werden, da es Darmgifte gut absorbiert und an den Darmwänden - wegen seiner stark wasserbindenden Eigenschaft - eine natürliche Schutzschicht bildet. Auf diese Weise ist es auch ein natürliches Mittel gegen Diarrhöe und wird nicht nur für Menschen verwendet, sondern auch für Hunde.

<u>Johannisbrotkernmehl und seine Eigenschaften</u>

Aus den Kernen der Schoten wird Johannisbrotkernmehl hergestellt. Es ist weiß, geschmacksneutral und in seiner Zusammensetzung ein Mehrfachzucker. Es hat die Fähigkeit bis zu einem Hundertfachen seines Eigengewichts an Wasser binden; in heißem Wasser löst es sich vollständig auf und geliert in kaltem Wasser.

- **Lebensmittelzusatzstoff E 410**: als dieser wird es als Binde- und Verdickungsmittel verwendet. Auch in Biolebensmitteln zugelassen, verhindert Johannisbrotkernmehl die Entmischung von Emulsionen – beispielsweise eine Trübung in Limonaden -, Kristallbildungen oder dient als Stabilisator. Als E 410 ist es oft beigegeben in Konfitüren, Marmeladen, Obstkonserven, Milchmischgetränken, Speiseeis, Babynahrung und vielen anderen Lebensmitteln.
- **Diätetisches Nahrungsmittel**: Johannisbrotkernmehl ist größtenteils unverdaulich und wird deshalb zur Herstellung von Lebensmitteln für Diabetiker verwendet.
- **Weitere Anwendungsgebiete**: es soll den Cholesterinspiegel senken und wirkt leicht abführend. Da es so gut wie keine Kalorien hat, ist es ein sehr gutes Bindemittel auf einem Diätspeiseplan.

Die Ziziphus Jujuba oder Chinesische Dattel – eine leckere, exotische Frucht auch für den eigenen Garten.

Eine Ziziphus Jujuba-Pflanze ist anspruchslos und liefert gesunde Früchte. Sie kann auch in Deutschland angepflanzt werden.

Die Rote oder Chinesische Dattel stammt ursprünglich aus den Bergregionen im Norden und Osten Chinas. Die Früchte der Ziziphus Jujuba werden dort seit über 4000 Jahren auch wegen ihrer gesundheitsfördernden Eigenschaften geschätzt. Diese Früchte sind auch bekannt unter den Namen Chinesische oder Rote Dattel, Brustbeere, Jujube, Azufaifa und Apfelbeere. Man sagt, wer drei davon täglich isst, bleibt gesund. Mittlerweile werden Ziziphus jujubas weltweit angebaut, neben China vor allem in Japan, Indien, Brasilien und in Europa am Mittelmeer und in Weinanbaugebieten. Da die Bäume bis – 27 Grad frostresistent sind, können sie ohne weiteres im eigenen Garten angepflanzt werden.

Botanischer Steckbrief der Ziziphus jujuba und ihrer Früchte

Die „Chinesische Dattel" kommt von Südosteuropa bis nach China vor und es gibt 700 verschiedene Sorten davon. Die Pflanze selbst ist ein zweigeschlechtliches

Kreuzdorngewächs mit zwittrigen Blüten, deshalb wird nur eine einzige benötigt um Früchte zu erhalten.

Ein Ziziphus Jujube-Baum ist vom Aussehen her eher strauchartig, hat Dornen und ist im Sommer belaubt. Im Winter verliert er seine Blätter und bekommt erst im darauffolgenden Mai neue Blätter. In der Zwischenzeit schaut er aus wie abgestorben. Der Baum kann 5 bis 10 m hoch werden und wächst besonders gut an sonnigen und trockenen Standorten. Eine Ziziphus Jujube ist eine sehr empfehlenswerte, pflegeleichte Gartenpflanze, denn sie verträgt bis – 27 Grad Frost, ist resistent gegen Parasitenbefall und Krankheiten, benötigt wenig Wasser und das Allerbeste an ihr sind ihre Früchte, die Jujuben oder „chinesischen Datteln", die nicht nur gut schmecken, sondern auch noch gesund sind. Wenn die Früchte getrocknet sind, erinnern sie vom Aussehen und Geschmack an echte Datteln, daher der Name „chinesische oder rote Dattel". Frisch gegessen erinnert der Geschmack und die knackige Konsistenz einer Jujube an einen süßen Apfel – und wird deshalb manchmal auch Chinesische Apfelbeere genannt. Die frischen Früchte sind eiförmig, 2 bis 5 cm lang mit einem Steinkern, einer glatten und dünnen Schale und weißen, saftigen und süßsäuerlichen Fruchtfleisch. Sie sind anfangs grün und haben gereift eine rote, rotbraune oder schwarze Farbe. Jujuben können frisch gegessen oder getrocknet werden und werden auch zu Marmeladen und Gelees verarbeitet. Frisch geerntete Früchte sind bis zu vier Wochen bei Zimmertemperatur lagerfähig und bei 8-11 Grad sogar zwei Monate lang. Bei fortdauerndem Sommer trocknen sie direkt am Baum, bilden dadurch mehr Süße aus und erinnern dann geschmacklich an Datteln.

Eine Ziziphus Jujuba für den eigenen Garten

Eine Ziziphus Jujuba im eigenen Garten anzupflanzen, ist nicht schwierig, wenn einige Hinweise beachtet werden:

Die Pflanze, die auch im eigenen Garten bis vier Meter hoch wird, bevorzugt einen sonnigen Standort und wächst am besten in lockerer ph-neutraler Erde, gemischt aus Humus und Sand, denn sie mag keine Staunässe. Sie verträgt Temperaturen bis -27 Grad Celsius und kann deswegen gut in ganz Deutschland ausgepflanzt werden. Vorsichtshalber sollte eine chinesische Dattel für den eigenen Garten jedoch zunächst im Topf gehalten und im ersten Winter geschützt überwintert werden, um sich zu akklimatisieren. Dieser erste Winterstandort kann durchaus einige frostige Temperaturen haben, sollte aber dennoch geschützt sein, wie beispielsweise in einer Garage. Im darauffolgenden Frühling kann die Jujube an ihren endgültigen Standort im Garten ausgepflanzt werden und sollte in den ersten zwei Jahren im Winter noch zusätzlich geschützt werden mit umwickelten Strohmatten. Später ist das nicht mehr notwendig. Um vom August an bis hinein in den November eine reiche Ernte zu bekommen, empfiehlt es sich die Ziziphus jujube in den Monaten der Blüte Mai, Juni und Juli mit Mist oder Hornspänen oder einem anderen Obstdünger zu düngen. Wer sie unbedingt schneiden möchte (was nicht erforderlich ist), sollte dies im späten Herbst machen, nachdem der Baum sein Laub abgeworfen hat. Die Früchte sind reif, wenn sie braun-rot sind mit kleinen dunklen Punkten. Viele Pflanzen tragen bereits nach dem ersten Jahr der Auspflanzung Früchte.

Die Bedeutung der Chinesischen Dattel in ihrer asiatischen Heimat

Der chinesische Name der Ziziphus Jujube ist „Da Zao" und sie hat wegen ihrer Früchte seit Jahrhunderten einen besonderen Stellenwert. Die chinesischen oder roten Datteln sind in China seit mindestens 4000 Jahren bekannt, archäologische Ausgrabungen weisen sogar noch weiter zurück. Sie werden in China seit dieser Zeit angebaut, als Nahrungszusatz und Heilmittel. Die heute ältesten bekannten Jujube-Bäume in China sind bis zu 1000 Jahre alt.

In der asiatischen Volksheilkunde werden die reifen Jujube-Früchte als Heilmittel gegen Halsentzündungen eingesetzt, wo sie reizmildernd und auswurffördernd wirken. Sie heißen deshalb auch Brustbeeren, denn ein Tee aus ihren getrockneten Früchten hilft unter anderem gegen Erkältungskrankheiten und Atemwegserkrankungen. Chinesische Datteln sollen außerdem vitalisierend, entwässernd und entgiftend wirken. In der allgemeinen Naturheilkunde werden sie auch gegen Verstopfung, Magenschmerzen, Unruhe und Schlafstörungen eingesetzt.

In der traditionellen chinesischen Medizin (TCM) gehören Jujuben zu den 10 wichtigsten Pflanzen, die getrockneten Früchte werden als „warm" eingestuft und unterstützen das Yang-Prinzip. Rote Datteln wirken deshalb unterstützend und kräftigend auf Milz, Magen und Verdauung, beruhigend für das Nervensystem und aufbauend für das Blut. Ihre Früchte können laut der TCM alle Körperöffnungen des Menschen klären, die ihn mit der Außenwelt verbinden. Die TCM verwendet vor allem die getrockneten Früchte.

Neuere Untersuchungen haben ergeben, dass Chinesische Datteln als starkes Antioxidans wirken und das Immunsystem unterstützen.

Wissenschaftliche Erforschung der Wirkung von Roten Datteln

Vitamine und Mineralien: Rote Datteln enthalten viel Vitamin C, B1, B2, B3, Beta-Carotin (Vorstufe von Vitamin A), Kalium, Calcium.
Der Vitamin-C-Gehalt der Roten Dattel liegt noch etwas über dem von Orangen oder Zitronen und der Kaliumgehalt ist fast so hoch wie bei Bananen.

Rezepte mit Jujuben

Die Früchte sind sehr beliebt in der chinesischen Küche und können überhaupt vielseitig verwendet werden. Frisch können sie zu Joghurt, Müsli und Obstsalat gemischt werden, getrocknet als Zutat zu gekochtem Reis oder in Eintöpfen, Soßen und Gemüsemischungen.

Nicht zu vergessen, getrocknete Früchte als Tee aufgebrüht gegen Erkältungskrankheiten.

Ziziphus-Jujuba-Aufguss gegen Halsentzündungen:
10 Chinesische, getrocknete Datteln mit 1 Liter
kochendem Wasser aufgießen und 20 Minuten lang ziehen lassen. Den Aufguss anschließend abseihen und schluckweise noch warm trinken. Vor dem Herunterschlucken eine Zeitlang im Mund behalten.

Abendlicher Reisbrei mit Chinesischen Dattel:
Dazu einfach Milchreis zusammen mit ein paar getrockneten Jujuben und Gojibeeren zusammen kochen und vor dem Schlafengehen essen. Dieses Rezept verhilft zu einem gesunden und erholsamen Schlaf.

Reis-Congee mit Chinesischen Datteln:
Ein Reis-Congee stammt aus Asien: der Reis wird so
lange gekocht, bis er zu einem Brei geworden ist. Ein Reis-Congee wird auch gern schon zum Frühstück ge-

reicht.

Man nehme 1 Tasse braunen Reis, 6 Tassen Wasser, 1 TL Misopaste aus fermentierten Sojababohnen, 2 Schalotten, eine Prise Meersalz, 200 g gehackte und getrocknete Jujuben und 2 EL kleingeriebenen Ingwer. Außerdem eine Handvoll geröstete Kürbiskerne und Sonnenblumenkerne.

Alle Zutaten werden gleichzeitig in einem Topf gegeben, zum Kochen gebracht und dürfen bis zu 3 Stunden weiter köcheln.

Der Congee beruhigt den Geist, stärkt die Verdauung und regt die Blutzirkulation an (und erwärmt dadurch).

5) Pflanzen mit tropischen Früchten

Der Algarve ist nicht Afrika oder Südamerika. Dennoch besteht bei Portugiesen, die in Angola, Mozambique oder Brasilien gelebt haben, der Wunsch diese herrlichen Tropenpflanzen auch im Algarve zu kultivieren.

Auch viele Ausländer, die eine tropische Pflanzenvielfalt im Urlaub kennengelernt haben, möchten ihren Garten im Algarve mit tropischen Pflanzen bereichern.

Zuerst gesagt, es ist einfacher und preiswerter die Bananen, Papaya oder Ananas im Supermarkt zu kaufen, als jahrelang auf eine eigene Ernte zu warten. Leider bekommt der private Gartenbesitzer keine EU-Subventionen für Gewächshäuser, Pflanzen und Bewässerung. Für diejenigen, die es dennoch probieren wollen tropische Pflanzen im Algarve zu kultivieren, habe ich einige Tipps in diesem Kapitel zusammengestellt.

Der Platz, den wir für tropische Pflanzen brauchen, sollte warm und windgeschützt, evtl. halbschattig sein und die Luftfeuchtigkeit sollte auch im Sommer hoch sein. Frost darf an diesem Platz nicht vorkommen. Ebenso wie zu viel Bodenfeuchtigkeit im Winter vermieden werden sollte. Alle diese Bedingungen sind natürlich im Gewächshaus am besten zu erreichen. Wollen wir aber im Freien pflanzen, ist es ratsam, wir schauen nach, wie Portugiesen im Algarve ihre Exoten kultivieren. Die Bananen oder Papaya stehen meistens an einer Hauswand an der Ostseite, dicht gedrängt auf engstem Raum. Von Osten kommt selten Frost, das Haus schützt vor den Weststürmen und die Mauer der Hauswand speichert die Tagestemperatur.

Falls eine Anpflanzung in Hausnähe nicht möglich ist, dann suchen wir uns eine windgeschützte, sonnige Ecke in unserem Garten und wandeln diese zum Tropeneck um.

Der Windschutz ist durch eine immergrüne Hecke zu erreichen, die möglichst dicht und mindestens 3 Meter hoch sein sollte. Den Halbschatten, den wir im Sommer brauchen, bekommen wir durch Zierbäume wie z.B. Melia azedarach (Persischer Flieder), Tipuana tipu (Stolz von Bolivien) oder andere laubwerfende Bäume. Mandelbäume oder auf Mandel veredelte Aprikosen scheinen die intensive Bewässerung, die unsere Tropenpflanzen brauchen, nicht zu vertragen.

Der Boden für die Tropenpflanzen benötigt viel Humus, den wir als Mulchschicht gleichmäßig über die ganze Fläche verteilen. Holzhäcksel, Mist, Stroh, Pappe, Pinienrinde sind alle als

Mulchschicht geeigneten Materialien, lediglich unterschiedlich schön anzusehen. Am Gepflegtesten sieht Pinienrinde aus, die offen oder abgepackt in Säcken im Handel angeboten wird.

Die Pflanzlöcher brauchen nicht allzu groß sein und können mit der ausgegrabenen Erde wieder gefüllt werden. Wichtiger ist die Mulchschicht, in der sich bei täglicher Bewässerung allerlei Bodengetier wohlfühlt. Die wichtigsten Helfer, um einen guten Boden zu erhalten, sind in erster Linie Regenwürmer, Asseln, Ameisen und die unsichtbaren Bakterien und Pilze. Die Mulchschicht muss jährlich wieder aufgefüllt werden, da sie sich schnell verbraucht und von den Pflanzen als Energie aufgenommen wird.

Einfach zu kultivieren sind Bananenstauden, wobei Ableger von im Algarve gezogenen Freilandbananen den größten Erfolg versprechen. Die „Schnee-Banane" (Ensete glauca) kommt aus dem Himalaja und verträgt bis − 2 Grad Celsius.

Herkunftsland der gemeinen Guave ist Mexiko. Die Psidium guajava ist ungefähr Hühnereigross und hat rotes Fruchtfleisch. Die rote Erdbeerguave Psidium cattleianum ist kirschgross und stammt aus Brasilien. Die gelbe Psidium guinense ist sauer wie Zitronen, aber trotzdem äussert wohlschmeckend. Die Anananas-Guave oder Feijoa bildet einen Busch mit wunderschönen lila Blüten und essbaren, nach Ananas schmeckenden Früchten.

Die Surinamkirsche „Pitanga" gehört zu den Myrthengewächsen und formt Büsche mit weissen Blüten und eckigen, kirschähnlichen Früchten, die im reifen, dunkelroten Zustand gut schmecken.

Kapstachelbeeren „Physalis peruviana" gedeihen im Algarve an feuchten, geschützten Stellen. Die natürlich perfekt verpackten Beeren sind ein feines, vitamreiches Obst und eignen sich auch gut zum Naschen beim Rundgang durch den Garten.

Einfach zu kultivieren sind ferner – wenn im Tropeneck angepflanzt:

- Avocados (Persea americana)
- Anona cherimoya
- Bambus (die hier kultivierten Sorten)
- Zuckerrohr (Saccharum officinarium)
- Kaki (Diospyros kaki)
- Maracuja (Passiflora edulis)
- Tamarillo oder Baumtomate (Cyphomandra betacea)
- Kumquat (Fortunella japonica)
- Chilis (Capsicum frutencens)

Schwieriger zu kultivieren sind:

- Mango (Mangifera indica)
- Papaya (Carica papaya)
- Ananas (Ananas comosus)
- Macadamia-Nuss (Macadamia tetraphylla)
- Schuschu (Sechium edule)
- Litschi (Litchi chinensis)
- Limette (Citrus aurantiifolia)

Was bisher im Algarve erfolglos blieb, waren Pistazien und Kiwis.

Natürlich können im Tropeneck auch verschiedene Melonensorten, Kirschtomaten, Kapuzinerkresse und verschiedene Blumen und Palmen gedeihen.

Auf den Bauernmärkten oder in Supermärkten finden wir z.B. Süßkartoffeln, Avocados, Mangos, Schuschu und vieles mehr,was für unser tropisches Garteneck geeignet ist.

Die beste Pflanzzeit für Tropenpflanzen ist im Algarve von Mai bis September, dann wenn auch die Nachttemperaturen über 20 Grad Celsius sind.

Pitanga und Zitrone,
zwei Früchte mit viel Vitamin C

Pflanzenporträt (Eugenia uniflora)

Die Pitanga-Pflanze ist ein kleiner Baum aus der Familie der Myrtengewächse, der ursprünglich in Suriman, Guyana und dem südlichen Teil Brasiliens angepflanzt wurde. Mittlerweile ist sie in vielen Regionen Südamerikas anzutreffen und sogar in Süditalien und Israel. Der Name „Pitanga" ist ein Wort aus der Sprache der Tupi-Indianer, es bedeutet dunkelrot. Im portugiesischen Sprachgebrauch gibt es auch den Ausdruck „vermelha como pitanga", „rot wie eine Pitanga" und bezeichnet jemanden, der aus Verlegenheit rot anläuft. Ihre Wuchshöhe richtet sich nach der Wärme des Landes, in der eine Surinamkirsche angepflanzt ist: in Brasilien kann der Baum 7-10 m hoch werden, in nördlicheren Regionen jedoch nur 2 m. Der Stamm ist nicht einzeln, sondern verzweigt und wächst nicht geradlinig, eher wie ein Busch, mit rötlicher Farbe. Die Blätter sind gegenseitig, oval und rötlich gefärbt, solange die Pflanze noch jung ist und im Herbst. Ist die Pitanga erwachsen, sind die Blätter grün und glänzend.

Die Blätter der Pitanga beinhalten ätherisches Öl. Zerreibt man sie zwischen den Fingern, kann man den

Geruch nach Zitrone und Myrte wahrnehmen, der Fliegen und Mücken vertreibt. In Brasilien werden oft Blätter der Surinamkirsche auf den Boden der Häuser gelegt, um beim darüber gehen Mücken zu vertreiben. Die Blätter werden in Brasilien außerdem als Teesud aufgegossen und verabreicht bei rheumatischen Beschwerden, Bronchitis und um Fieber zu senken.

Die Blüten befinden sich an den Blattachsen und sind zweigeschlechtlich und damit selbstbefruchtend. Die Blüte der Pitanga ist reichhaltig, weiß und duftend. Je nach Temperatur ihres Standorts blüht die Pitanga im Frühjahr oder im Sommer. Nach der Blüte entwickeln sich in 5 bis 7 Wochen – bei ausreichender Bewässerung - kirschgroße, leuchtend rote Früchten.

Die Pitanga oder Surinamkirsche, eine exotische Frucht mit viel Vitamin C

Die Früchte sind so groß wie herkömmliche Kirschen, ihre Form allerdings ist exotischer, sie sind gerippt, ähnlich wie ein Kürbis. Im unreifen Stadium sind die Früchte grün und reifen dann heran zu orangerot bis dunkelrot oder sogar schwarzen Pitangas im vollreifen Stadium.

Die Haut der Pitangas ist dünn, das Fruchtfleisch rötlich und fleischig mit süß-säuerlichem Geschmack. Es umhüllt ein bis zwei orange-gelbe Samen. In Brasilien wird das Fruchtfleisch verwendet in der Herstellung für Gelee, Wein, in Süßspeisen und als Likör oder Essig.

Das Vorhandensein von Karotenoiden, die freie Radikalenfänger sind, ist verantwortlich für die intensiv rote Farbe der Frucht. Brasilianische und amerikanische Wissenschaftler untersuchen die These, ob die Pitanga auch wirksam sein kann gegen Krebs, denn sie scheint entzündungshemmende zelluläre Eigenschaften zu haben. Die dahinterstehende Idee ist, dass Extrakte aus roten Früchten, wie der Pitanga, offensichtlich in der Lage sind, das schnelle Wachstum und die Vermehrung von cancerösen Zellen zu reduzieren.

Nach Meinung der Wissenschaftler beinhaltet die Frucht Pigmente - natürliche Farbstoffe)- und Phenole, die entzündungshemmend in Zellen wirken können. 100 g Pitanga als Frucht haben etwa 33 kcal und liefern mit etwa 45 mg fast soviel Vitamin C wie Orangen und Zitronen. Weitere gesunde Inhaltsstoffe sind: 0,3 Gramm Eiweiß, 10 mg Calcium, 20 mg Phosphat, 2,3 mg Eisen, 0,03 mg Vitamin B2.

Eine Pitanga selbst ziehen

Surinamkirsche können kaum gelagert oder transportiert werden. Wer diese Frucht genießen möchte, braucht eine eigene Pflanze. In Ländern mit kälteren Wintern kann sie problemlos als Kübelpflanze gehalten werden, die regelmäßig auf Kleinwuchs zurechtgeschnitten wird und im Winter drinnen im Warmen überwintern darf. Pitanga-Pflanzen werden aus Samen gezogen, die online erhältlich sind. Sie werden 1 cm tief in wasserdurchlässige Pflanzerde (am besten gemischt mit Perlite oder Kokosfasern) gesetzt. Als Keimtemperatur werden 20-25 Grad benötigt. Wenn sie hell und feucht gehalten werden (aber auf keinen Fall zu nass), keimen sie nach 3-6 Wochen. Einmal gekeimt benötigen die kleinen Pflanzen regelmäßiges und reichliches Gießen.

Ältere Pflanzen vertragen kurzfristig Temperaturen bis zu 5 Grad, ansonsten sind mindestens 15 Grad vorzuziehen. Der Standort sollte hell sein und hohe Luftfeuchtigkeit lieben sie.

Die Zitrone, die bekanntere Frucht mit viel Vitamin C

Geschichtlich belegt wurden die ersten Zitronen um 1150 nach Christi von Arabien in den Mittelmeerraum gebracht. Der Ursprung der Zitrone wird geographisch Indien und Pakistan zugeordnet.

Das erklärt, warum Zitronenbäume wärmeliebende Pflanzen sind. Zitronenbäume blühen mehrmals im Jahr und haben deshalb Früchte in verschiedenen Reifestadien am Baum hängen. Die Früchte benötigen ungefähr ein Jahr, um sich von kleinen grünen Fruchtknospen bis hin zu gelben, reifen und großen Zitronen zu entwickeln.

Geerntet werden sie im Sommer. Es gibt verschiedene Zitronensorten, die aber im Geschmack nicht sehr variieren, denn Zitronen schmecken mehr oder weniger sauer. 100 g Zitrone liefern bei 29 Kalorien 55 mg Vitamin C und können erheblich zu der empfohlenen täglichen Vitamin C-Aufnahme eines Erwachsenen, die mit 75 mg angesetzt ist, beitragen. Die Zitrone hat noch andere, gesundheitsfördernden Inhaltsstoffe, wie Pektin und Flavonoide. Bekannt ist, dass Zitronensaft immunstärkend wirkt. Das im Fruchtfleisch enthaltene Pektin unterstützt die Bauchspeicheldrüse und somit die Verdauung. Den in den Zwischenhäuten des Fruchtfleisches vorkommenden Flavonoiden wird nachgesagt, dass sie der Entstehung von Krebs entgegenwirken und einem Herzinfarkt vorbeugen können, die Arterien reinigen und das Blutfett senken.

Zwei Rezepte für Likör mit Zitrone und Pitanga

Zitronen-Ingwer-Likör: 80 Gramm frischen Ingwer dünn schälen und in feine Scheiben schneiden. Danach zwei ungespritzte Zitronen waschen und abtrocknen, die Schale dünn abschälen. Die geschälten Zitronen anschließend auspressen und 100 ml Saft zusammen mit 200 ml Wasser, 200 Gramm Zucker, Zitronenschale und Ingwer in einem Topf aufkochen und 10 Minuten bei mittlerer Hitze leise köcheln lassen. Diese Mischung durch ein Küchensieb gießen und die Flüssigkeit abkühlen lassen. Dann 400 ml Wodka zugießen und alles auf saubere Flaschen verteilen. Die Flaschen mit dem angesetzten Likör verschließen und mindestens 2 Wochen ziehen lassen vor der ersten Kostprobe.

Pitanga-Likör: Die benötigten Zutaten für 1,5 Liter sind: ½ kg Pitangas, 1 Flasche Zuckerrohr-Rum, ½ l Wasser, ½ kg Zucker. Zubereitung: die Pitangas gut waschen, in ein verschließbares Glasgefäß legen und mit dem Rum aufgießen. Verschlossen 10 Tage lang ziehen lassen. Am 11. Tag den Zucker in das Wasser einrühren, diese Zuckerlösung aufkochen und weitere 20 Minuten lang köcheln lassen. Danach über den Rum und die Pitangas gießen. Alles sehr gut mit einem Kochlöffel umrühren. Abgießen und abfüllen.

6) Gesunde KRÄUTER

Im Algarve-Garten dürfen auf keinen Fall Kräuter und Gewürzpflanzen fehlen.

Einige, die häufig verlangt werden, sind:

- Bela Luisa (Aloysia triphylla)
- Rosmarin (Rosmarinus officinalis)
- Thymian (Thymus)
- Salbei (Salvia officinalis)
- Stevia (Süßkraut)

Die Bela Luisa – oder auch Zitronenstrauch – ist ein lichter Busch, der bis 4 Meter hoch werden kann. Meistens wird die Pflanze aber in der Höhe gestutzt, damit sie mehr Volumen bekommt. Außerdem haben die jungen Blätter der zarten Neuaustriebe das feinste Aroma. Bei Berührung geben die Blätter der Bela Luisa einen Geruch ab, der an Zitrone und Pfefferminze erinnert. Ihre winzigen Blüten sind weiß-violett. Für unseren Garten reicht ein großer Busch aus, um die ganze Familie mit dem wohlschmeckenden, verdauungsfördernden Tee zu versorgen. Die Blätter können frisch oder getrocknet als Tee aufgegossen, aber auch für Aromatherapie oder als Badezusatz für ein Kräuterbad verwendet werden.

Die Bela Luisa stammt aus Chile und wurde schon im 18. Jahrhundert nach Europa gebracht. Sie gedeiht in jedem Boden, braucht nur wenig Wasser im Sommer und keine Düngung. Der Standort sollte sonnig, aber etwas windgeschützt sein.

Bei einem reizbaren Magen sollte Bela Luisa allerdings nur tassenweise genossen werden.

Rosmarin (Alecrim) gedeiht im Algarve ganz hervorragend. Er wird bei uns ca. 1,5 Meter hoch und muss selbst im heißen Sommer kaum bewässert werden. Er ist immergrün und hat kleine blaue Blüten. Rosmarin ist mit jedem Boden zufrieden, wird auf Kalkboden aber aromatischer, eine Düngung ist nicht notwendig. Alle 30 cm in Reihe gepflanzt, ergibt Rosmarin eine dichte, bis zu einem Meter hohe Hecke.

Rosmarin kann als Tee verwendet werden: ein halber Teelöffel frischer Nadeln pro Tasse mit kochendem Wasser übergossen, hilft gegen Müdigkeit und fette Speisen zu verdauen. Äußerlich wird Rosmarin als Badezusatz angewandt, wirkt belebend, durchblutungsfördernd und gegen Gicht und Rheuma.

Als Gewürz ist Rosmarin für gebratenes Fleisch oder Fisch geeignet oder für Gulasch mit Tomaten zusammen mit weiteren mediterranen Kräutern. Rosmarin sollte in keinem Garten fehlen, zumal er pflegeleicht ist und das ganze Jahr über geerntet werden kann.

Thymian (Thymus vulgaris) wächst im Algarve auf kalkigen, trockenen Flächen der Mato – dem Busch- und Gestrüpp-Dschungel von unbearbeiteten Flächen. Dort, wo es der Myrte und der Pistacia lentiscus (Mastixstrauch) und den Zistrosen (Cistus lodanifer) zu heiß und zu trocken ist, wächst der Thymus vulgaris. Wer auf seinem Grundstück im Algarve ein Stück Wildnis übriggelassen hat, kann den Thymian das ganze Jahr hindurch ernten. Das Aroma des wilden Thymians ist unvergleichlich stärker und viel besser als das der Kultursorten des Gartenthymians.

Thymian wird ca. 30 cm hoch und ist immergrün, bis auf die paar Wochen, in denen die Sommertemperaturen auf fast 40 Grad C steigen und das Erdreich absolut keine Feuchtigkeit mehr gespeichert hat. Mit dem ersten Regen im September treiben dann die ersten Blättchen aus, die sofort ein unvergleichliches Aroma haben und als Küchenkraut oder für Tee verwendet werden können.

Im Mai blüht der Thymian mit unzähligen, winzigen violetten Blüten. Thymian ist ein gesundes Gewürzkraut. Pizza, Salate, Fleisch- und Fischgerichte können damit gewürzt werden. Er gilt außerdem als antiseptisch, appetitanregend, als ein Mittel gegen Husten, krampflösend und vieles mehr. Ein Thymian-Bad wirkt gegen Bronchitis.

Thymianstauden gibt es in den hiesigen Baumschulen zu kaufen. Es ist nicht leicht im Garten einen richtigen Platz zu finden, an dem er weiterwächst, aber wenn es gelingt, haben wir ein exzellentes Gewürzkraut vor der eigenen Tür.

Salbei (Salvia officinalis) stammt aus dem Mittelmeerraum und der Name kommt von dem lateinischen Wort „salvare", heilen.

Im Algarve habe ich den echten Salbei wild vorkommend noch nicht gefunden. Bei einem alten unbewohnten Haus in meiner Nachbarschaft stand ein alter Salbeibusch, ca. 1 m hoch, der dann aber in einem heißen Sommer vertrocknet ist. Der Rosmarin in der Nachbarschaft hingegen hat überlebt.

Salbei muss im Sommer im Algarve ab und zu gegossen werden. Der Boden kann kalkhaltig sein, lehmig oder sandig, gedüngt oder ungedüngt. Salbei ist mit fast jeder Situation zufrieden und wächst je nach Wohlbefinden schneller oder langsamer. Nur muss er im Sommer ab und zu Wasser bekommen.

Salbei als Gewürz passt sehr gut zu allen Fleisch- und Fischgerichten. Er sollte sparsam verwendet werden, 2-3 frische Blätter reichen aus für das Würzen einer Mahlzeit. Salbeiblätter im Bierteig frittiert ist eine außergewöhnliche Vorspeise.

Ein Gulasch mit Fleisch, Olivenöl, Tomaten, Zwiebeln, Paprika und das Ganze mit Rosmarin, Thymian und Salbei gewürzt, ist nicht nur sehr schmackhaft, sondern auch noch gesund.

Salbei als Hausmittel ist allgemein bekannt. Als Tee hilft er gegen Halsschmerzen, ist wundheilend im Mund, Rachen, Magen und Darmbereich.

Anisschnaps mit Ingwer, Salbei, Thymian, Rosmarin ansetzen und sechs Monate ziehen lassen ergibt ein Gesundheitselexier, das zum größten Teil aus unserem Garten stammt und auch noch gut schmeckt.

Stevia (Stevia rebaudiana oder Süßkraut) kommt aus Südamerika. Diese Pflanze wurde 1887 vom Botaniker Bertoni entdeckt. Die Steviablätter werden von den Naturvölkern Brasiliens und Paraguays schon seit Jahrhunderten als Süßungsmittel verwendet. In Europa kommt man nur langsam mit der Verwendung von Stevia voran.

Im Blumentopf oder im mediterranen Garten mögen es Steviapflanzen warm und sonnig. Der Boden sollte feucht sein, darf aber gelegentlich antrocknen. Im Winter zieht sich die Pflanze zurück und die Staude treibt erst wieder aus bei genügend Wärme. Zum Süßen von einer Tasse Tee oder Kaffee reicht bereits ein Blatt aus und Stevia hat weder Kalorien, noch verursacht es Karies wie Zucker.

Brennnesseln für Einsteiger

Die Brennnessel ist eine altbekannte Heilpflanze, die auf vielfältige Weise genutzt werden kann.

Wer kennt nicht das Sprichwort: wenn das Schicksal Dir Zitronen gibt, mach Limonade daraus. Doch was tun, wenn das Schicksal und Dein Garten Dir Brennnesseln geben?

Die Brennnessel wirkt unter anderem entschlackend und blutbildend und durch ihren Eisengehalt gegen eisenmangelbedingte Erschöpfungszustände. Wer sie im Garten hat, sollte sich glücklich schätzen und sie im Speiseplan mit einbauen.

<u>Brennnesseltee und Brennnesselsmothie</u>

Vielen bekannt ist *Brennnesseltee*. Ihm wird eine entgiftende und entwässernde Wirkung nachgesagt. Wer das selbst ausprobieren möchte, kann frische junge Brennnesselpflanzen aus dem eigenen Garten benutzen, einige davon mit kochendem Wasser aufgießen und 10 Minuten lang ziehen lassen. Der Tee an sich hat keinen aufregenden Eigengeschmack und lässt sich deshalb gut mit einem anderen Kräuter- oder Früchtetee kombinieren. Ich persönlich mag sehr gern einen selbstaufgebrühten Brennnessel-Zistrosen-Tee mit einem Beutel Himbeer-Johannisbeeren-Früchtetee verfeinert. Ob gemischt oder nicht, die entwässernde Wirkung wird jeder selbst erfahren....Und wie bei allen heilkräftigen Tees sollte auch dieser nur tassenweise und als Kur nicht länger als 4 Wochen lang täglich getrunken werden.

Einfach herzustellen ist ein *Brennnessel-Smothie* im Mixer: Einige Brennnessel-Pflanzen in einer Flüssigkeit (Joghurt, Sojamilch, Fruchtsaft) vermixen und dosiert trinken.

Da Brennnesseln gut als Spinat zubereitet werden können, ist auch ein *warmer Brennnesseldrink* schnell fertig: einige Brennnesselpflanzen in etwas kochendem Wasser blanchieren, mit einem vegetarischen Suppenwürfel würzen und einem Pürierstab zerkleinern.

Sowohl der Brennnessel-Smothie als auch der warme Drink sind konzentriert und wirken sehr entwässernd. Deshalb wirklich nur tassenweise genießen, sicherstellen, dass ein WC in der Nähe ist und über den Tag hinweg ausreichend andere Flüssigkeit trinken.

Rezept Brennnesselspinat

Für 2 Portionen werden 500 g junge Brennnesselblätter benötigt, eine Zwiebel, 3 EL Butter, 3 EL Kochsahne oder geschlagene Sahne, Pfeffer und Salz. Die Brennnesseln mit kochendem Wasser überbrühen und wieder abgießen - so verlieren sie ihre Brennwirkung. Die Zwiebel klein schneiden und mit der Butter glasig andünsten. Die Brennnesseln in feine Streifen schneiden, zu der Zwiebel in die Pfanne geben, würzen und 10 Minuten lang alles zusammen dünsten.

Für die Rahmspinatvariante zum Schluss Sahne dazu geben und alles mit dem Küchenstab pürieren. Eine andere Variante ist Brennnesselspinat zubereitet mit einer Mehlschwitze. Dazu Brennnesselblätter 5 Minuten lang in Wasser kochen lassen, abseihen und kleinschneiden. In einem Topf Butter zerlassen, einen Esslöffel Mehl unter ständigem Rühren darin anrösten, mit Milch aufgießen und dabei das Rühren nicht vergessen. Die vorbereiteten Brennnesselblätter dazu geben und alles einmal aufkochen lassen. Mit Salz, Pfeffer und Muskatnuss würzen.

Für Brennnessel-Neulinge ist es ein guter Einstieg, gefroren gekauften Rahmspinat zuzubereiten und einige überbrühte, kleingeschnittene Brennnesseln mit köcheln zu lassen. Der Brennnesselanteil kann von Spinatgericht zu Spinatgericht mehr und mehr erhöht werden, bis eines Tages der reine Brennnesselspinat gekocht wird. Sehr gut schmeckt übrigens auch ein Spinat, der zubereitet wird aus Brennnesselblättern und Borretschblättern. Am besten, sagt man, schmecken junge Brennnesselpflanzen, aber auch die Triebspitzen älterer können verwendet werden. Wer möchte, kann die die Brennhaare vor dem eigentlichen Zubereiten unschädlich machen durch Überbrühen der ganzen Pflanzen.

Ich persönlich finde nicht, dass das unbedingt notwendig ist und verwende die Pflanzen sofort und gern auch die obere Hälfte älterer Pflanzen mitsamt ihren Samen, denn Brennnesselsamen haben eine noch intensivere Wirkung als die Brennnesseln selbst und werden bereits getrocknet im Handel angeboten.

Selbst die Samen zu ernten und zu trocknen ist übrigens nicht schwer: sie lassen sich leicht abstreifen und können problemlos ausgebreitet auf einem Leinentuch getrocknet werden.

Brennnessel und Borretsch – zwei gesunde Pflanzen

Brennnessel – Urtica urens

Die Brennnessel gehört botanisch zu den Brennnesselgewächsen, ist einjährig und wird zwischen 15 und 80 Zentimeter hoch.

Wie der Name sagt, hat sie Brennhaare, in deren Zellen sich Acetylcholin, Histamin und Serotonin befinden, die bei Berührung Hautreizungen hervorrufen. Jede Pflanze verfügt sowohl über männliche als auch weibliche Blüten und kann sich somit selbst befruchten, unabhängig von anderen Pflanzen. Die Blätter, Samen und Wurzeln werden in der Naturheilkunde verwendet; es ist nachgewiesen, dass Brennnesseln stark entwässernd wirken und somit harntreibend und blutreinigend sind. Deshalb helfen sie bei Nieren- und Blasenbeschwerden und eine vierwöchige Kur mit Brennnesseltee - aus einigen, kleingeschnittenen Blättern mit kochendem Wasser aufgegossen - wird empfohlen, um den Körper zu entschlacken.

Da die Pflanze viele Mineralien und viel Eisen enthält, wirkt Brennnesseltee auch gegen eisenmangelbedingte Ermüdungs- und Erschöpfungszustände.

Borretsch – Borago officinalis

Diese Pflanze gehört zu der Familie der Raubblattgewächse und wird bereits seit dem 12. Jahrhundert als Gewürz- und Heilpflanze verwendet. Ein anderer Name für Borretsch ist „Gurken-kraut", weil die behaarten, länglichen Blätter nach Gurken riechen. Die gesamte Pflanze ist einjährig und kann mit buschigem Wuchs bis zu 80 Zentimeter hoch werden. Die Blüten sind intensiv blau und sternförmig. Sie sind essbar, wirken sehr dekorativ in Salaten und haben eine stimmungsaufhellende Wirkung. Aus den ölhaltigen Borretsch-Samen kann ein ätherisches Öl, die Linolensäure gewonnen werden. Diese wird mit Erfolg bei der Pflege von sensibler Haut und Neurodermitis angewendet. Auch die Blätter sind essbar und enthalten viele Mineralien und Vitamine.

Einem Tee, hergestellt aus den Blättern und kochendem Wasser, sagt man eine blutreinigende und harntreibende Wirkung nach; ebenso wie eine Heilwirkung bei Husten, Rheuma, Herz- und Nierenkrankheiten.

Und übrigens,

Kräutertees lassen sich aus mediterranen Pflanzen leicht selbst machen!

Und zwar mit vielen Pflanzen, die angebaut oder wild im mediterranen Klima wachsen, lassen sich gesunde Kräuter-Tees selbst zubereiten. Bei einem Spaziergang im ländlichen Algarve können verschiedene Pflanzen entdeckt werden, die scheinbar ohne ausgesät worden zu sein wild wachsen und ohne künstliche Bewässerung den monatelangen, regenlosen Sommer überleben. Doch dann, nach dem Winterregen und in Frühjahr sind sie am schönsten und voller Grün. Einige von ihnen werden nicht nur als Küchenkräuter verwendet, sondern auch in der Naturheilkunde. Aus Lavendel, Thymian, Zistrose, Rosmarin Olivenblättern und Zitrusfrüchten lassen sich gesunde Kräutertees einfach selbst herstellen. Wer nicht in einem südlichen Land lebt, kann sich alle der aufgeführten Pflanzen im Topf halten.

<u>Rosmarin (portugiesischer Name: Alecrim)
und Rosmarintee</u>

Dieser Rosmarin wächst als immergrüner Busch bis zu einem Meter hoch. Die Blätter sind ideal an trockene

Bedingungen angepasst, nach oben gerichtet, klein, hart, leicht nach innen gerollt und an ihrer Unterseite von kleinen weißen Härchen bedeckt. Sie zeigen kleine lila Blüten fast während des gesamten Jahres. Für Rosmarintee können entweder die Blüten geerntet und mit kochendem Wasser aufgegossen werden oder die Rosmarinblätter oder einfachheitshalber beides, und zwar wahlweise frisch oder getrocknet. Als Faustregel gilt: 1 gehäufter Teelöffel Rosmarin mit $\frac{1}{4}$ l kochendem Wasser aufgießen, 10 Minuten lang ziehen lassen und wieder abseihen.

In der Naturheilkunde wird Rosmarintee empfohlen bei Kreislaufschwäche, gegen Blähungen oder um den Appetit anzuregen. Der Tee hilft bei Erkältungen und Verdauungsbeschwerden, gegen Magenkrämpfe und bei Darm- und Gallenstörungen.

Zu beachten ist, dass Rosmarintee während einer Schwangerschaft nicht getrunken werden soll, da er Wehen auslösen kann und auch ansonsten nicht zu viel, zu stark oder ununterbrochen wochenlang getrunken werden sollte.

Da Rosmarintee kreislaufanregend wirkt, kann er sogar Kaffee ersetzen und macht genauso fit.

Thymian (portugiesischer Name: Tomilho azeiteiro) und Thymiantee

Dieser Thymian wächst unkultiviert als kleiner Busch mit ganzjährigen Blättern an ansonsten wenig bewachsenen Stellen. Die Blüten sind lila und von Juni bis November zu sehen. Thymian riecht und schmeckt sehr aromatisch.

Thymiantee wird aufgegossenen mit heißem, aber nicht mehr kochendem Wasser: 1 Teelöffel frische oder getrocknete Thymianblätter mit $\frac{1}{4}$ l heißem Wasser aufgießen und vor dem Abseihen 5-10 Minuten lang ziehen lassen und dann am besten mit Honig süßen, weil er bitter schmeckt.

Dieser Tee ist bekannt als hustenlösend, er wirkt aber auch allgemein gegen Erkältungskrankheiten und wird wegen seiner entzündungshemmenden und antibakteriellen Eigenschaften als Spülung verwendet bei Mandel- und Rachenentzündungen. Weiterhin ist Thymiantee anregend, krampf- und schleimlösend, entzündungshemmend, schweißtreibend, beruhigend und blutstillend.

Der Schopflavendel (portugiesischer Name: Alfazema und Rosmaninho) und Lavendeltee

Diese im Algarve wildwachsende Lavendelart wächst buschförmig bis zu 40 Zentimeter hoch. Die Blätter sind klein, nach oben gerichtet und tragen violette Blüten von Februar bis Juli, die sich zusammensetzen aus vielen kleinen einzelnen Blüten. Einige nach oben weisende längere Blütenblätter haben dieser Lavendelart den Namen „Schopflavendel" gegeben.

Für einen Lavendelblütentee braucht man ein bis zwei Handvoll frische oder getrocknete Lavendelblüten. Sie werden mit einer großen Tasse kochendem Wasser überbrüht. Der Tee darf 10 Minuten ziehen, bevor die Blüten wieder abgeseiht werden.

Die Wirkung von Lavendeltee ist beruhigend, entspannend und antiseptisch, deshalb ist er ein guter Einschlaftee und hilft gegen Angstzustände. Lavendeltee hilft außerdem bei Kopfschmerzen und Verdauungsstörungen. Er sollte allerdings nicht literweise getrunken werden und nicht regelmäßig über einen längeren Zeitraum, denn zu viel davon kann zu Magen- oder Darmreizungen führen.

Die Zistrose (portugiesischer Name: Estevas) und Zistrosentee

Zistrosen, die in Portugal wachsen, haben entweder weiße oder rosa Blüten. Bei den weißblühenden sind die Blüten kleiner und auch die Blätter sind kleiner, dunkelgrün, hart und sehr ölhaltig. Die rosablühenden Zistrosen haben größere Blüten und Blätter, die Blätter mit mittelgrüner Farbe und samtig, sie erinnern an Salbei und deshalb heißt diese Zistrosenart auch Cistus salvifolius.

Beide Arten sind immergrün und können buschförmig bis zu zwei Meter Höhe erreichen. Ihre Blütezeit ist April bis Mai und die Blätter beider Arten enthalten ein Harz, das Ladanum. Aufgrund dieses Harzes können die Pflanzen sehr große Trockenheit und volle Sonneneinstrahlung vertragen. Die Familie der Zistrosen hat eine sehr lange Geschichte als Volksheilmittel. Es wird angenommen, dass bereits das in der Bibel beschriebene Räuchermittel Myrrhe das Harz der Zistrose war. Die Blätter und Zweige der rosablühenden Zistrose können als Tee aufgegossen werden. Durch das in der Pflanze vorhandene Blattharz, deren Polyphenole und einem hohen Vitamin C-Gehalt wirkt dieser Tee antibakteriell und antiviral, immunstärkend und freie-Radikale-fangend. Zistrosentee kann eingesetzt werden bei Erkältungskrankheiten (auch vorbeugend), bei bakteriellen Infektionen und Schleimhautentzündungen. Es wurde nachgewiesen, dass Zistrose Krankheitserreger daran hindern kann sich in den Schleimhäuten der oberen Atemwege auszubreiten und so verhindert, dass sich Bakterien und Viren im Körper ausbreiten. Die Zistrose kann als natürliches Antibiotika betrachtet werden und wird als Tee zubereitet. Dazu nimmt man frische oder getrocknete Blätter und Zweige der Pflanze, 2-3 Esslöffel werden mit 1 Liter kochendem Wasser aufgegossen und dürfen 5 Minuten lang ziehen. Den fertigen Tee über den Tag verteilt trinken. Zistrosentee an sich schmeckt nicht stark aromatisch und kann gut mit anderen Kräutertees gemischt werden. Zum Süßen am besten Honig (ein weiteres natürliches Antibiotikum) verwenden und ein wenig dazugegebener Zitronensaft verstärkt sogar noch die Wirkung der Polyphenole.

<u>Olivenblättertee</u>

Ein Tee aus Olivenblättern ist wirksam gegen Bluthochdruck und Fieber.

Es konnte mittlerweile nachgewiesen werden, dass ein Extrakt aus Olivenblättern – ähnlich wie die Zistrose – gegen Bakterien, Viren und Pilze wirkt. Es stärkt das Immunsystem, steigert die Durchblutung, hilft Cholesterin zu reduzieren und rheumatische Arthritis zu bekämpfen. Außerdem verbessert es die Fettverbrennung, wirkt sich positiv auf den Blutzuckerspiegel aus und kann energieausgleichend wirken, wenn nach großer körperlicher Anstrengung zu viel Energie verloren gegangen ist.

Der Tee kann entweder aus den Blättern veredelter Olivenbäume gemacht werden (und schmeckt dann ziemlich bitter) oder aus Blättern des wilden Olivenbaums. Dazu einige Olivenbaumzweige abschneiden und sie einige Tage lang an einem trockenen Ort trocknen lassen. Danach die Olivenblätter abzupfen und ganz wichtig, um eine optimale Wirksamkeit des Tees zu erhalten, diese in einem Mörser kleinstampfen.

Danach für eine Teetasse einen Teelöffel zerkleinerter, getrockneter Olivenblätter mit kochendem Wasser aufgießen und bis zu 8 Minuten ziehen lassen vor dem Abseihen. Je länger der goldgelbe Olivenblättertee zieht, umso bitterer schmeckt er.

Zum Süßen am besten Honig verwenden.

Zitronen- und Orangenblättertee

Schon Hildegard von Bingen hat empfohlen, einen Tee aus Zitronenblättern bei Fieber und grippalen Infekten zu trinken.

Zitronen und Orangenblätter haben die gleichen gesundheitsfördernden Wirkungen: sie wirken schweißtreibend gegen Fieber, krampfstillend bei Husten, stärkend auf den Organismus und beruhigend gegen Schlaflosigkeit und Nervosität.

Im Handel werden fein geschnittene und getrocknete Orangenblätter neben Bitterorangenblättern (Pomeranzen) angeboten.

Normalerweise werden sie anderen Teekräutern beigemischt und selten pur getrunken (das gleiche gilt auch für fein geschnittene, ungespritzte Orangenschalen).

Trotzdem kann es hilfreich sein, beispielsweise einen reinen Tee aus Bitterorangenblättern aufzugießen. Dazu nimmt man 1-2 Teelöffel getrocknete Schalen pro Teetasse, übergießt sie mit kochendem Wasser und lässt alles 10 Minuten lang ziehen.

Idealerweise wird ein solcher Bitterorangenschalentee vor dem Schlafen getrunken, da er beruhigend auch gegen Schlafstörungen wirkt, genauso übrigens wie ein Tee aus den Blüten der Bitterorange.

Natürlich kann ein Tee aus Zitronen- oder Orangenblättern selbst hergestellt werden: dazu die Blätter ungespritzter Zitrusbäume pflücken, trocknen und danach zerkleinern.

Wer einen Orangenschalentee selbst herstellen möchte, schält vorsichtig die äußerste Schale ungespritzter Früchte ab, die weißliche Innenhaut sollte nicht mehr daran haften.

Übrigens: Bitterstoffe an sich sind wohltuend für die Galle und kurbeln die Speichel- und Magensaftproduktion an, wirken somit appetitanregend und verdauungsfördernd.

Und nicht zu vergessen, sehr gesund ist auch ein Tee aus

Jiaogulan, die Pflanze des ewigen Lebens

Die wildwachsende Dschungelpflanze Jiaogulan ist schon jahrhundertelang bekannt als Teepflanze und Grundnahrungsmittel in China, Malaysia, Korea und Thailand. Erst in den 70iger Jahren wurden durch chinesische Studien gesundheitsförderliche Nebeneffekte nachgewiesen und seit 1976 wird sie auch in der Traditionellen Chinesischen Medizin erwähnt.

Bei einer Volkszählung in China wurde man auf folgendes aufmerksam: in drei chinesischen Provinzen (Guizhou, Shicuan und Guangxi) leben überdurchschnittlich viele Menschen, die 100 Jahre oder älter sind. Dort wird täglich Jiaogulan-Tee getrunken.

Chinesische Forscher untersuchten dieses Phänomen unter Berücksichtigung von Umweltfaktoren und Vererbungsfaktoren und kamen zu dem Schluss, dass das hohe Alter auf den regelmäßigen Genuss des Tees zurückzuführen ist.

Die Wirkstoffe der Pflanze befinden sich in den Blättern; es sind Saponine, Proteine, Vitamine, Aminosäuren und Mehrfachzucker-Verbindungen. Saponine sind Pflanzenglykoside, die den menschlichen Steroidhormonen sehr ähnlich sind. Jiaogulan enthält die vierfache Menge an Saponinen wie Ginseng, der bekanntesten chinesischen Heilpflanze.

Botanische Beschreibung

Der botanische Name von Jiaogulan ist Gynostemma pentaphyllum. Es ist auch bekannt als Frauenginseng, Five Leaves Ginseng, Miracle Grass oder Southern Ginseng. Es ist eine Schlingpflanze aus der Familie der Kürbisgewächse und sie wächst in der natürlichen Umgebung ihrer Ursprungsländer Thailand und China unter Bäumen; sich hochrankend an kleinen Bäumen und Sträuchern. Sie kann bis in einer Höhe von 3200 Meter über dem Meeresspiegel wachsen und im Winter Temperaturen bis zu – 18 Grad Celsius aushalten. Die Pflanzenteile, die sich über dem Boden befinden, sterben dann allerdings ab und treiben im Frühjahr wieder neu aus. Ansonsten sind die Blätter immergrün und bestehen aus fünf Gliedern mit sternenförmigen, kleinen, weißlichen Blüten und kleinen, schwarzen Samen. Die Wurzeln bilden Rhizome. Sie ist zweihäusig und kann sich somit nicht selbst bestäuben. Für die Gewinnung von Samen werden deshalb sowohl männliche als auch weibliche Pflanzen benötigt. Sie kann auch noch vermehrt werden durch Stecklinge und Wurzelteilung. In den Monaten Mai bis Oktober wächst sie am stärksten.

Eine eigene Jiaogulan-Pflanze kultivieren

Möchte man sich Jiaogulan-Pflanzen im eigenen Garten halten, benötigt jede einzelne eine eigene Rankhilfe an einem halbschattigen Standort mit genügend Platz und kann dort bis zu 4 Meter hoch wachsen. Eingepflanzt kann die robuste und schnellwachsende Pflanze in normalen Gartenboden oder einfache Blumenerde werden, bei gelegentlicher Düngung mit Blumendünger und regelmäßigen Gießen. Sie soll nie austrocknen und kann eigentlich nicht übergossen werden, da sie Nässe liebt. Nur Staunässe mag sie nicht, genauso wie zu wenig Licht. Wenn die Jiaogulan-Pflanze auch am besten im Garten, eingepflanzt in den Boden, gedeiht, so ist es aber auch möglich, jüngere und damit kleinere Pflanzen in Kübelhaltung und in der Wohnung zu ziehen. Ihr Standort sollte sich dann einem kühlen Ort befinden mit ausreichend Lichteinfall. Wird sie im Haus oder der Wohnung gehalten, mag es die Jiaogulan-Pflanze, wenn sie hin und wieder mit entkalktem Wasser besprüht wird, als Ausgleich für den fehlenden Regen. Sie verliert im Winter ihre Blätter nicht und bleibt immergrün.

Eine Pflanzenvermehrung ist möglich durch Samen, Stecklinge oder Wurzelteilung.

Bei einer Aussaat werden die Samen zunächst für 24 Stunden in warmes Wasser gelegt und danach in Blumentöpfe mit normaler Gartenerde gesät. Als Stecklinge dienen die Spitzen der Triebe, die abgeschnitten und in Wasser gestellt, nach ein bis zwei Wochen Wurzeln bilden und nach genügender Wurzelbildung eintopft werden können. Bei der Wurzelteilung werden die dicken Wurzeln ausgegraben, geteilt und neu eingepflanzt. Jedes Wurzelstück wird dann wieder neue Triebe bilden.

<u>Jiaogulan als Tee-Zubereitung</u>

Frische oder getrocknete Blätter werden verwendet zum Aufbrühen von Jiaogulan Tee. Der Tee wird als bekömmlich, beruhigend, ausgleichend und stresslindernd beschrieben.

Tee aus frischen Blättern schmeckt leicht süßlich und erinnert im Geschmack an Ginseng und Lakritze. Tee aus getrockneten Blättern hat dagegen eine süß-herbe Geschmacksrichtung. Unabhängig davon, ob er aus frischen oder getrockneten Blättern zubereitet wird, ist er sehr ergiebig; für einen Aufguss mit einem halben

Liter kochendem Wasser genügt ein Teelöffel voller loser Blätter.

Es wird empfohlen, das kochende Wasser noch eine Minute lang abkühlen zu lassen, bevor der Tee aufgegossen wird, dessen Ziehzeit mindestens drei Minuten betragen sollte. Im Sommer kann der Tee als kalter „Eistee" getrunken werden und im Winter sorgt eine Scheibe frische Ingwer darin für zusätzliche Wärme.

Wem Jiaogulan-Tee zu langweilig schmeckt, kann ihn mit jedem anderen Kräutertee wie beispielsweise Zitronenkraut- oder Ingwertee mischen. Frische dazugegebene Brennesselblätter machen ihn geschmacksintensiver.

Wer sich einen eigenen Teevorrat anlegen möchte, pflückt die größeren Blätter und trocknet sie im Schatten. Die getrockneten Blätter verlieren an Volumen und quellen bei einem Teeaufguss wieder auf. Deshalb sind nur einige nötig, um einen leichten Teeaufguss zu erhalten, der die empfohlene Stärke ist. In einigen Fällen wurde bei einer Überdosierung durch einen zu gehaltvollen Tee eine veränderte Schleimbildung und Reizhusten beobachtet. Wird der Tee von einem gesunden Menschen getrunken, wird er den Nahrungsmitteln zugerechnet.

Andere kulinarische Verwendungsmöglichkeiten für Jiaogulan

Bereits einmal aufgegossene, aber auch einzelne, frische Blätter können ein Spinatgericht verfeinern und einige frische Blätter können eine Salatmischung abrunden. Vor allem junge Blätter schmecken auch roh gut, eins davon kann hin und wieder frisch von der Pflanze gepflückt gegessen oder auf ein Butterbrot gelegt verzehrt werden. Ihr Geschmack variiert von süß bis bitter und interessanterweise wird ihm nachgesagt, dass verschiedene Menschen ihn unterschiedlich wahrnehmen, je nachdem ob ihr Körper gerade eine süße oder bittere Komponente braucht und dass frische Blätter den Konsumenten mit frischer Energie beflügeln.

Gesundheitsförderliche Nebenwirkungen:

Die Pflanze und ihr Tee wirken ausgleichend, das bedeutet, sie geben dem Konsumenten, was er braucht. So können sie sowohl gegen Schlafstörungen, als auch gegen Müdigkeit wirken. Jiaogulan ist für Frauen besonders interessant, da Saponine auch für den weiblichen Hormonhaushalt benötigt werden, der Beiname „Frauenginseng" drückt das aus: Jioagulan hilft den weibliche Hormonhaushalt während der Periode auszugleichen. Weitere positive Nebeneffekte werden dem Tee unter anderem in den Bereichen Blutdruckregulation, Blutzucker- und Cholesterinsenkung, und Immunsystemstärkung nachgesagt, genauso wie eine antioxidative Wirkung mit Schutz vor freien Radikalen und eine positive Wirkung in den Bereichen Blutbildung, Stoffwechsel und Verlangsamung des Alterungsprozesses.

Und was liegt näher in einer Baumschule mit unzähligen Blumentöpfen als das?

Blumentopfbrot selbst backen

Was liegt näher, als Blumentopfbrot zu backen, wenn man von Blumentöpfen umringt ist? Kuchen und Brot kann in vielen verschiedenen Backformen gebacken werden, also warum nicht einmal einen Blumentopf aus Ton dafür verwenden? Und noch ein Vorteil, dieses Rezept wird sicherlich auch Kindern begeistern.

<u>Vorbereitung der Blumentöpfe</u>

Noch nicht benutzte Blumentontöpfe mit einem Durchmesser von 12 bis 14 cm gut abwaschen, gut trocknen und anschließend mit zerlassener Butter ausstreichen. Die neuen Blumentöpfe auf ein Backblech stellen und eine halbe Stunde bei 225 Grad erhitzen und ausdünsten lassen. Dabei nicht erschrecken, sie rauchen stark. Vor dem ersten Gebrauch abkühlen lassen und wieder einfetten. Dieses Einfetten vor jedem neuen Gebrauch wiederholen und dabei beachten, sie niemals wieder abzuwaschen: zum Backen nehmen, danach abkühlen lassen und vor jedem weiteren Blumentopf-Brotbacken einfach wieder mit flüssiger Butter auspinseln. Für das nachfolgende Rezept werden 4 Blumentöpfe benötigt.

Hefeteigrezept für das Blumentopfbrot

Man nehme 1 kg Weizenmehl, 1 Esslöffel Salz, 2 Päckchen Trockenhefe, 1 Esslöffel Zucker, 3/8 Liter lauwarme Milch, ¼ Liter lauwarmes Wasser und 4 Esslöffel Butter.

Zubereitung: Das Mehl und das Salz miteinander vermischen, die beiden Päckchen Trockenhefe zugeben und die lauwarme Milch und das lauwarme Wasser. Diese Zutaten mit Ausdauer zu einem Brotteig kneten und zwar bis er glatt und einheitlich ist. Diesen Teig zugedeckt in einer Schüssel an einem warmen Ort zwei Stunden lang gehen lassen. Danach den Teig nochmals durchkneten und in vier gleichgroße Stücke schneiden. Jedes dieser Stücke wiederum durchkneten, zu einer Kugel formen und in jeweils einen sauberen, vorbereiteten Blumentopf aus Ton legen. Die Blumentöpfe abdecken und die Teige weitere 30 Minuten lang gehen lassen. Danach die gefüllten Blumentöpfe auf die unterste Schiene in den vorgeheizten Backofen geben und 40 Minuten lang bei 225 Grad (Gas Stufe 4-5) backen lassen. Zur Probe ein Brot aus dem Topf nehmen, den Topf dafür umgekehrt auf eine Platte stellen. Ist das Brot noch zu hell, wieder in den Topf zurückgeben und zusammen mit den anderen Broten ungefähr weitere 10 Minuten lang backen lassen, bis die Brote eine schöne Bräune haben.

Die fertiggebackenen Brote aus den Blumentöpfen entfernen und die Oberseite mit heißer, flüssiger Butter bestreichen.

<u>Anrichten der Brote und ein Partytipp</u>

Wenn die fertigen Brote quer in runde Scheiben geschnitten und rund belegt werden, beispielsweise mit runden Wurst- oder Käsescheiben, sehen sie sehr dekorativ aus.

Verwendet man als Brotbackformen kleine Kakteenblumentöpfe und bereitet diese wie oben beschrieben vor, nimmt man dementsprechend kleine Teigkugeln als Füllung, die nur 25 Minuten lang backen müssen, und erhält so viele kleine selbst gebackene Brote, die auf einer Party ein echter Hingucker werden.

Anbau im eigenen Garten

Eigenes Gemüse anbauen auf kleinem Raum

Wer gern gärtnert und erntet, aber nicht viel Platz hat, kann das trotzdem tun!

Wer eigenes Gemüse anbauen und ernten möchte, benötigt dafür nicht zwangsläufig einen großen Garten. Oft genügt auch eine Hausecke oder ein Balkon.

Verschiedene Gemüsesorten lassen sich auf kleinen Flächen ziehen, dafür reichen mit Erde gefüllte Pflanzkübel aus. Damit können auch Balkone und Terrassen in Gemüsegärten umgewandelt werden. Gemüsesorten, die eigentlich für den Anbau in einem herkömmlichen Gemüsegarten bestimmt sind, lassen sich mit gutem Ernteerfolg in Kübeln ziehen. Jede Gemüsesorte, die von Natur aus eher in die Höhe, als in die Breite wächst, kann für den eigenen Miniaturgarten verwendet werden, genauso wie Gemüsepflanzen, die von Natur aus klettern. Sie werden mit Rankhilfen unterstützt und nach oben gezogen. Werden Setzlinge verwendet, um Gemüse in Kübeln zu ziehen, gibt es einen Wachstumsvorsprung. Setzlinge können bereits fertig gekauft oder aus Samen an einem warmen, hellen Platz selbst vorgezogen werden.

Sonderfall Kartoffel: reiche Ernte auf kleinem Raum
Besonders gut eignet sich der Anbau von Kartoffeln in Kübeln. Dabei wird das Streben der Kartoffelpflanzen nach oben berücksichtigt. Die Triebe wachsen immer nach oben Richtung Tageslicht und bilden auf dem Weg dahin die Kartoffelknollen aus. Diese Wuchsform wird ausgenutzt, indem man immer wieder neue Erde aufschichtet, sobald die Triebe das Tageslicht erblicken.

So werden mehr und mehr Kartoffelknollen auf dem Weg nach oben produziert. Als Pflanzgefäß wird ein hoher, schwarzer Plastikkübel oder schwarzer Plastiksack empfohlen. Durch die schwarze Farbe wird die Pflanzerde mit den Kartoffeln zusätzlich durch den Sonnenschein erwärmt. Im Boden des Kübels oder Sacks sollten sich einige Abflusslöcher befinden, um Staunässe durch Regen oder Gießen zu vermeiden. Gefüllt wird das Pflanzgefäß am Boden mit einer ungefähr zehn Zentimeter hohen Schicht aus Kies oder Blähton, um für eine gute Wasserableitung zu sorgen. Darauf werden fünfzehn Zentimeter mit Sand gemischte Blumenerde eingefüllt. Die Pflanzkartoffeln werden anschließend oben drauf gelegt. Vier davon sind für einen 20 Liter Eimer völlig ausreichend. Wichtig ist es, die Erde mit den Kartoffeln gleichmäßig feucht zu halten. Sobald sich Kartoffel- Keime gebildet haben, die zehn Zentimeter lang sind, wird Erde oben nachgefüllt, bis nur noch die Blattspitzen der Keime sichtbar sind. Danach wieder alles gleichmäßig feucht halten und wieder abwarten, bis die neuen Triebe 10 Zentimeter lang sind, bevor neue Erde nachgefüllt wird. Ist das Pflanzgefäß voll, sind die Kartoffeln, die sich in mehreren Stockwerken ausgebildet haben, nach ungefähr 100 Tagen erntereif. Mit der

Pflanzung beginnen kann man im Frühjahr und bekommt so im Frühsommer die Kartoffelernte. Das Kartoffellaub, das sich zum Schluss an der Oberfläche ausbildet, darf nicht erfrieren, deshalb im Zweifelsfalle nachts den Pflanzkübel mit Kunststoff abdecken.

Gurken und Bohnen in Kübelhaltung

Bohnen und Gurken benötigen einen Kübel mit Rankhilfe. Eine Rankhilfe für Gurken kann die Form eines Rankgitters haben – hergestellt aus Holz, Bambus oder Metall. Für die leichteren Bohnen ist es ausreichend, einige Schnüre oder Drähte zu spannen und die Pflanze in regelmäßigen Abständen daran festzubinden. Der schwarze Pflanzkübel sollte nicht direkt auf einem kalten Betonboden stehen. Aus Ziegelsteinen und Holzbrettern lässt sich schnell und preiswert ein Untergestell basteln, das die Pflanzen gegen vom Boden ausstrahlende Kälte schützt. Bei diesen beiden Gemüsesorten ist darauf zu achten, die Kübel nicht in die pralle Sonne zu stellen, nachmittäglicher Schatten ist empfehlenswert. Bei *Gurkenpflanzen* gilt die Faustregel: jede Gurkenpflanze benötigt 20 Liter Pflanzerde, ein selbst gemischtes Pflanzsubstrat aus Gartenerde, Mist und Torf oder Gartenerde, Mist und Rindenmulch. Bei der

Beimischung von Mist eignet sich abgelagerter Pferdemist sehr gut. Wird Hühnermist beigefügt ist zu beachten, dass dieser sehr konzentriert ist, deshalb davon nur eine kleine Menge verwenden. Im Sommer werden die Gurken- und Bohnenpflanzenkübel zweimal täglich gegossen. Gurkensamen können ab Ende Februar oder Anfang März in Töpfen im Haus vorgezogen werden. Jeder Samen bekommt gleich von Beginn an einen eigenen Anzuchttopf, da Gurkenpflanzen nicht pikiert werden. Nach den Nachtfrösten können die Pflanzen an ihren Bestimmungsort ins Freie gepflanzt werden.

Bei der Anpflanzung von *Bohnen* in Kübel eignen sich Buschbohnen besonders, die Pflanzen bleiben kleiner und brauchen keine Rankhilfe, im Gegensatz zu Stangenbohnen. Die Bohnenkerne können Ende Mai gleich an Ort und Stelle gesät werden.

Ein bekanntes Beispiel: Tomaten-Anbau in Kübeln

Tomaten in Kübelhaltung bevorzugen einen Standort in der prallen Sonne und eine Rankhilfe, an der die Pflanze mit fortschreitendem Wachstum immer wieder angebunden wird. Ein geeigneter Standort ist beispielsweise direkt an einer Hauswand, die noch zusätzliche Wärme abstrahlt. Werden Tomatenpflanzen ausgeizt bilden sich weniger, dafür größere Früchte und die Pflanze bildet weniger Seitentriebe aus und wird dadurch nicht zu schwer. Bei der Auswahl der Tomatenpflanzen eignen sich sowohl große Tomatensorten, wie auch kleine Cocktailtomaten und sehr gut Buschtomaten. Tomaten brauchen eine gut gedüngte Erde, weil sie viele Nährstoffe für ein ertragreiches Wachstum benötigen. Im Idealfall wird Blumenerde mit Kompost oder Mist im Verhältnis 1:1 als Pflanzsubstrat gemischt und die Tomatenpflanze muss später nicht mehr nachgedüngt werden. Wird dagegen nur wenig Kompost oder Mist beigemischt, müssen die Pflanzen mehrmals nachgedüngt werden. Bei der Wahl des Pflanzkübels gilt die Faustregel: jede Tomatenpflanze benötigt 10 Liter Erde. Je kleiner die Töpfe gewählt werden, umso häufiger müssen sie gegossen werden. Tomaten können nach den Nachtfrösten ins Freie gepflanzt werden.

Und wer ein typisches portugiesisches Lebensmittel verwenden und anbauen möchte, ist hier richtig:

<u>Die Süßkartoffel und Rezepte mit Süßkartoffeln</u>

Genauso wie Favas (dicke Bohnen) und Bacalhau (Trockenfisch), sind auch batatas doces (Süßkartoffeln) ein weit verbreitetes Nahrungsmittel in Portugal. Die Zubereitung von Speisen mit Süßkartoffeln hat eine lange Tradition, es gibt viele pikante und süße Gerichte, in denen sie verwendet werden. Und auch der Anbau von batatas doces hat in Portugal Tradition. Gekocht werden sie mehlig weich und haben einen süßlichen Geschmack. Sogar ihre Blätter können zu spinatähnlichen Gerichten verarbeitet werden.

<u>Die Süßkartoffel ist ein gesundes Lebensmittel</u>

Es gibt Sorten mit weißem Fleisch und bräunlicher oder rötlicher Schale und Sorten mit orangefarbenem Fleisch und roter oder violetter Schale, letztere beinhalten mehr Carotin. Sie haben eine längliche Form, können bis zu 30 cm lang und mehrere Kilo schwer werden. In ihrer Schale ist eine gesundheitsfördernde Substanz namens Caipo enthalten, die gegen Bluthochdruck und Diabetes wirkt und cholesterinsenkend ist. Süßkartoffeln verfügen über hochwirksame Antioxidantien – freie Radikalenfänger und viele Nähr- und Vitalstoffe, darunter die Vitamine A, C, B2, B6 und E, Vitamin H (Biotin) und Mineralien wie Mangan, Folat, Kupfer und Eisen neben hochwertigen Ballaststoffen, vor allem, wenn sie mit der Schale gegessen werden. 100 Gramm Süßkartoffel entsprechen ungefähr 100 Kalorien. Sie haben einen hohen Wassergehalt und lassen sich nicht so lang lagern wie Kartoffeln. Eine Lagerung kann bei mindestens 5 Grad Lufttemperatur erfolgen und an einem trockenen, luftigen und dunklen Ort. Die Knollen sind sehr mehlig, werden sie zu lange gekocht, zerfallen sie leicht. Werden sie mit der Schale gekocht und erst danach geschält oder gleich mit Schale verzehrt, bleibt ihr Geschmack besser erhalten. Sie enthalten Schleimstoffe, deshalb schmecken sie für Viele gebraten besser als gekocht.

Süßkartoffeln im Selbstanbau

In Portugal werden Süßkartoffeln im März an einen sonnigen Ort in die Erde gelegt und die Erde wird mit einer schwarzen Plane bedeckt, um sie zu erwärmen. Sobald Triebe erscheinen, wird die Plane weggenommen. Die Triebe dürfen weiterwachsen, bis sie 10 bis 15 Zentimeter lang sind und einige Blätter haben. Dann wird die Knolle mit den 20 bis 30 Trieben aus der Erde genommen. Es haben sich zu diesem Zeitpunkt schon einige Wurzeln gebildet im unteren Teil der Triebe. Mit den Fingern werden nun die einzelnen Triebe samt Wurzeln von der Knolle abgetrennt und jeder so gewonnene Trieb wird einzeln in die Erde gepflanzt an einem sonnigen

Platz. Pflanzzeit ist Mai und Erntezeit September/Oktober. Aber auch im deutschen Klima ist es möglich, Süßkartoffeln anzubauen. Voraussetzung ist normaler Gartenboden, der weder zu feucht, noch zu locker ist. Sehr positiv ist dagegen eine hohe Luftfeuchtigkeit, deshalb ist ein Anbau in einem Wintergarten oder Gewächshaus am besten. Die Vermehrung erfolgt entweder aus Stamm- und Wurzelteilen oder Schösslingen, die aus der Knolle wachsen, wobei es unwichtig ist, ob die Pflanzteile senkrecht oder waagrecht eingepflanzt werden. Pflanzzeit ist im April, Erntezeit im September. Die Triebe können mehrere Meter lang werden, deshalb ist entweder eine Rankhilfe erforderlich oder sehr viel Platz am Boden. Bei Temperaturen unter 10 Grad stirbt die Pflanze ab. Im Sommer muss ausreichend gewässert werden.

Rezepte mit Süßkartoffeln

Ganz einfach: Ganze Süßkartoffeln gut waschen, trocknen, mit Olivenöl beträufeln und in Alufolie eingewickelt im Backofen 30 Minuten lang backen lassen. *Roh als Salat:* Fein gerieben kann die Süßkartoffel roh als Salat zubereitet werden (anders als die Kartoffel, die roh giftig ist) und schmeckt ähnlich wie Möhrensalat.

Süßkartoffeln mit Nüssen: Zwei große Süßkartoffeln waschen und mit Schale in große Würfel schneiden. 50 Gramm Butter in einer Pfanne erhitzen und die gewürfelten Süßkartoffeln darin anbraten. Mit Pfeffer würzen und 150 ml Gemüsebrühe aufgießen. Zugedeckt 10 Minuten lang köcheln lassen. 75 Gramm Walnusskerne grob hacken und unter den Pfanneninhalt mischen. Zum Schluss alles noch mit Kresse garnieren.

Selbstgemachter Pudding aus Süßkartoffeln – ein Rezept aus Madeira: 1 Kilogramm gewaschene Süßkartoffeln mit Schale in Wasser kochen, bis sie weich sind. Anschließend schälen und mit einer Gabel zerdrücken. Zwei Eier trennen und Eischnee aus dem Eiweiß schlagen. 100 Gramm Zucker in einem halben Liter Milch aufkochen lassen. Die zwei Eigelbe, die Süßkartoffelmasse, 50 Gramm Butter und den Eischnee zugeben, alles 15 Minuten lang köcheln lassen. Danach die Masse in eine gefettete Backform füllen und im Backofen bei 150 Grad backen lassen, bis der Pudding eine feste Konsistenz aufweist.

Süßkartoffel-Ananas-Dessert: 2,25 Kilogramm gewaschene, ungeschälte Süßkartoffeln in Wasser kochen lassen, bis sie weich sind. Danach schälen und zu Püree zerstampfen. Von diesem Püree 750 Gramm abmessen. Eine mittelgroße Ananas schälen, hacken und mit einem Küchenstab oder Mixer pürieren. Von diesem Ananaspüree ebenfalls 750 Gramm abmessen, zusammen mit 350 Gramm Zucker in einen großen Topf geben und köcheln lassen, bis eine sirupartige Konsistenz entstanden ist. Danach das Süßkartoffelpüree zugeben und alles unter ständigem Rühren kochen lassen, bis sich die Masse vom Topfrand ablöst. Auf Tellern anrichten, mit Pinienkernen bestreuen und zimmerwarm anrichten.

Die Süßkartoffel an sich setzt der eigenen, kulinarischen Phantasie keine Grenzen, denn sie kann gekocht, gebacken, gebraten, frittiert und püriert zubereitet werden und schmeckt auch sehr gut als Suppeneinlage.

Wenn sich das Jahr zu Ende neigt, dann ist Weihnachten nicht mehr fern!

Das Weihnachtsfest und seine Symbole

Weihnachten, das Fest der Liebe und Versöhnung, weckt in jedem von uns Erinnerungen. Je nachdem, aus welchem Land wir kommen und was traditionell üblich war, verlief das Weihnachtsfest nach bestimmten Regeln, die sehr ernst genommen wurden. Ich kann nur über das Weihnachtsfest in Deutschland schreiben und ganz speziell aus dem Thüringer Wald, wo meine Eltern wohnten. Die Gegend war geprägt von langen, kalten Wintern mit eisigen Temperaturen von November bis April. Das Tal, in dem wir wohnten, war um die Weihnachtszeit herum kalt und dunkel, die Tage waren kurz und auf den Gehwegen und Straßen lag monatelang Schnee, oft mehr als einen Meter hoch. Die Büsche und Bäume in den Gärten waren ohne Laub und Blumen gab es nicht. In den Bergen gab es dichte Wälder mit riesigen Tannen, und wer nicht musste, ging im Winter nicht in den Wald. In dieser Zeit wurde eine kunstvolle Figur, mehrere Meter hoch aus Schnee gebildet –wie z.b. ein Reiter mit Pferd oder etwas anderes Phantasievolles-, die mit Wasser besprüht und den ganzen Winter über bewundert wurde, bis sie im April langsam zerschmolz.

In dieser Gegend wurde auch Christbaumschmuck hergestellt, bunte Kugeln aus Glas, silberne, gläserne Tannenzapfen und die prachtvollen Christbaumspitzen aus Glas. Als Kind stand ich in den Glasbläserhütten und staunte über die Vielfalt des bunten Christbaumschmucks und manchmal bekam ich eine Glasfigur geschenkt, die ich sorgsam aufbewahrte. So standen Rehe, Ente, Pferd, Elefant - alle aus Glas - beieinander, alle farbenfroh und gleich groß. In meiner Phantasie lebten sie und waren zerbrechliche Spielsachen für lange Winternächte.

Dann war Weihnachten, und eine Tanne, viel zu groß für die kleine gute Stube, wurde aufgestellt. Die Wahl, welcher Baum die Ehre hatte bei uns zu stehen, war sehr schwierig, aber es war immer eine Tanne, die mit ihrem dunklen Grün und ihrem harzigen Duft das Zimmer verschönte. Die Oma und die Mutter schmückten den Baum mit bunten Kugeln, silbernen Tannenzapfen und Äpfeln. Es wurden ganz viele Kerzen am Baum befestigt. Ob Lametta mit an den Baum kam, war ein jährlicher Streitpunkt, ebenso wie die Frage, ob die Spitze der Tanne durch eine Glasspitze ersetzt wurde oder nicht. Und so war es Jahr zu Jahr mal so oder so. Dann war Heilig Abend und wir Kinder durften den geschmückten Baum bewundern, die Kerzen brannten und unter dem Baum lagen die Geschenke für die Familie und natürlich für uns Kinder. Es wurden Weihnachtslieder gesungen, Vater las die Weihnachtsgeschichte vor und dann durften wir endlich die Geschenke auspacken. Der Weihnachtsbaum blieb dann aber noch bis 06. Januar im Zimmer stehen und die Nadeln fielen langsam, aber sicher von den Zweigen. Jämmerlich sah die einst so schöne Tanne dann aus und sie landete immer im Laufe des Januars im Ofen, wo das noch zu frische Holz knisterte und knallte.

Jetzt leben wir hier im Süden Europas. Die Winter sind mild, Schnee und Eisfiguren gibt es nicht, die meisten Bäume und Büsche sind auch im Winter grün und wer sucht, findet im Algarve auch im Dezember noch wunderschöne Blumen.

Dennoch möchten nicht wenige Bewohner der Algarve, Einheimische und Neu-Algarvinos an der Tradition eines geschmückten Weihnachtsbaumes festhalten. Wer Glück hat, findet in Supermärkten, Baumärkten oder Gartencenter eine hübsche Tanne oder Fichte. Zum Teil werden diese Nadelbäume mit etwas Wurzeln angeboten, so dass sie in Töpfen eingepflanzt werden können. Leider entwickeln sich diese Bäume aus Nordeuropa hier im Algarve nicht so recht und sterben meist im Laufe des nächsten Sommers. Wer einen Baum ins Zimmer holen möchte, der danach im Pflanzkübel oder im Garten weiterwächst, hat Alternativen zur Tanne oder Fichte.

Zuerst sei die Auracarie genannt, die wir als Zimmertanne kennen. Im Garten wird sie sehr gross und sollte alleine stehen. Die hier seit langem heimische Pinie pinea (Schirmpinie) ist auch sehr schön, duftet gut und gibt im Garten einen stattlichen Baum ab. Zypressen gibt es in verschiedener Ausführung, von der schlanken Cypressus semprevirens zu der Cypressus macrocarpa mit ihrem Zitronenduft, über die Cypressus arizonica bis zur Cypresso cyparis leylandie, die der Form des Tannenbaumes noch am ähnlichsten ist. Aber warum gehen wir hier im Süden nicht ganz neue Wege und schmücken einen immergrünen Busch, wie z.b. eine Akazie oder einen Erdbeerbaum (arbutus unedu)? Wer diese jedoch aus der Serra der Algarve holt, muss auf eventuellen Insektenbefall achten. Sehr schön ist auch eine geschmückte Palme, wie z.b. eine Phoenix canariensis, oder eine Butia capitata. Sie können nach dem Fest ins Freie gestellt oder im Garten gepflanzt werden. Wunderschön finde ich als „Weihnachtsbaum" einen Mandarinen, Apfelsinen- oder Zitronenbaum, vielleicht sogar blühend. Er würde im weihnachtlichen Zimmer einen Duft von Frühling verbreiten und ist auch schön zu schmücken. Und wer hat so etwas Besonderes schon im Norden Europas?

Übrigens: die schönsten farbigen Weihnachtssymbole hier sind der Weihnachtsstern und die Aloe de Natal.

Aloen, die Lilien der Wüste

Aloen, wie die Aloe Vera und Aloe de Natal, benötigen sehr wenig Wasser, blühen aber dennoch schön.

Die Aloe aborescens - In Portugal genannt Aloe de Natal

Wenn in der kalten Jahreszeit, so ab Dezember, an verschiedenen Plätzen der Algarve ganze Hänge mit roten Blüten übersät sind, handelt es sich um die *"Aloe de Natal"*.

Natal bezeichnet ein Gebiet in Südafrika, heißt aber auch im Portugiesischen "Weihnachten", so dass hier auch von der "Weihnachtsaloe" gesprochen werden kann. Wissenschaftlich ist die korrekte Bezeichnung "Aloe arborescens". Diese Baumaloe wird bis 1,5 m hoch und wächst buschig. Da die portugiesischen

Seefahrer alle Pflanzen, die sie auf ihren Reisen entdeckten und die ihnen nützlich erschienen, mit nach Hause brachten, ist die Aloe de Natal schon seit Jahrhunderten im Algarve heimisch. Sie wächst auf jedem Boden, auch auf Lehm, Geröll und Sand; braucht keine Bewässerung und keine Düngung. Die *Aloe de Natal* mag wie alle Aloen keine Staunässe und so wird sie am besten in Hanglage gepflanzt. Die Aloe de Natal verträgt volle Sonne, gedeiht aber auch im Halbschatten. Bei den oft hübschen alten Häusern der Algarve findet sich des öfteren neben einer Melia azedarach, einem Rosmarin, einem Weinstock, Geranien und einer japanischen Wollmispel (Eriobotrya japonica) eben auch die Aloe de Natal. Keine der genannten Pflanzen stellt an Boden und Bewässerung besondere Ansprüche und alle sind nützlich und gesund. Die Aloe de Natal wurde von den Algarvinos schon, seitdem sie Portugal erreichte, zur Behandlung von Wunden und zur Linderung des Schmerzes bei Sonnenbrand benutzt.

Die Aloe Vera oder Aloe barbadensis

Die *Aloe vera*, die "echte Aloe" wurde schon im alten Ägypten als "Blut der Götter" zur Heilzwecken und für kosmetische Präparate geschätzt. Mit den arabischen Händlern gelangte sie nach Indien, China und Südostasien; mit den Spaniern und den Portugiesen in die Neue Welt nach Amerika. Auf Barbados und anderen Gebieten Mittelamerikas wurde sie seit 1650 intensiv angebaut und vermarktet. Sie bekam den wissenschaftlichen Namen *"Aloe barbadensis"*, ist aber in der Medizin als Aloe vera bekannt. Ihre Blätter mit den seitlichen Dornen werden bis 60 cm lang, sind ca. 3 cm dick und 8 cm breit. Sie stehen fast senkrecht nach oben, sind satt grün und nicht gemustert. Die Aloe vera hat keinen Stamm wie andere Aloe-Arten oder Aloe-Kreuzungen. Sie wächst langsam und macht nur ca. 5- 10 Ableger im Jahr. Im Garten ist sie sehr dekorativ, besonders wenn sie ihre gelben Blüten zeigt. Im Halbschatten bleiben die Blätter grün, in praller Sonne verfärben sie sich leicht braun. Sie wächst auf Sand, Lehm oder Humus und am besten zwischen Bäumen und Sträuchern. Nach ca. drei Jahren können wir eines der unteren Blätter abschneiden und im Kühlschrank 2-3 Wochen aufbewahren. Bei Bedarf schneidet man ein Stück davon ab, teilt es längs in der Mitte und dann kann das klare, klebrige Innere des Blattes für medizinische Zwecke verwendet werden. Äußerlich wird es auf Wunden gestrichen, bei innerer Anwendung ca. 1 Teelöffel Fruchtfleisch gegessen. Es ist fast geschmacklos und nur zur Schale hin sind nicht empfehlenswerte Bitterstoffe vorhanden. Die Aloe vera hilft bei Wundheilung, Verbrennungen – auch Sonnenbrand -, Insektenstichen, Sodbrennen, Zahnfleischerkrankungen, Augenverletzungen und Pilzerkrankungen.

In der Literatur wird eine lange Liste von weiteren Aloeanwendungen aufgeführt.

Die Aloe vera (Aloe barbadensis) ist eine der wertvollsten medizinischen Nutzpflanzen und sollte in keinem Garten fehlen. Sie kann ohne weiteres auch in größeren Töpfen als Kübelpflanze kultiviert werden, im Algarve ganzjährig im Freien, in Mitteleuropa muss sie im Winter in die Wohnung, da sie keinen Frost verträgt.

Verwendungsmöglichkeiten von Aloen

Die meisten Aloen, und es gibt ca. 300 verschiedene Arten, können äußerlich zur Heilzwecken, besonders zur Wundbehandlung verwendet werden. Dazu wird das Blatt der Aloe der Länge nach geteilt und das klare, geleeartige Innere des Blattes auf die Wunde gestrichen. Es kühlt, tut gut und darf niemals auf der Haut brennen. Sie dürfen nur nicht das Aloeblatt mit einem Agavenblatt verwechseln: deren Saft brennt wie Feuer auf der Haut und ist durch Saponin schwach giftig.

Die Aloe Vera ist am wertvollsten unter den Aloen. Ist die Pflanze ca. drei Jahre alt, kann man eines der unteren Blätter abschneiden und im Kühlschrank 2-3 Wochen aufbewahren. Bei Bedarf schneidet man ein Stück davon ab, teilt es längs in der Mitte und dann kann das klare, klebrige Innere des Blattes für heilkundliche Zwecke verwendet werden. Äußerlich wird es auf Wunden gestrichen, bei innerer Anwendung wird ungefähr 1 Teelöffel Fruchtfleisch gegessen. Es ist fast geschmacklos und nur zur Schale hin sind nicht empfehlenswerte Bitterstoffe vorhanden. Die Aloe vera hilft bei Wundheilung, Verbrennungen – auch Sonnenbrand -, Insektenstichen, Sodbrennen, Zahnfleischerkrankungen, Augenverletzungen und Pilzerkrankungen. In der Literatur wird eine lange Liste von weiteren Aloeanwendungen aufgeführt

Aloen, die aus Samen vermehrt wurden, vermischen sich mit anderen Aloe-Arten, so dass die Aloe vera, die "echte Aloe" nur vegetativ (durch Ableger) vermehrt wird. Eine der Aloe Vera zum Verwechseln ähnliche Art – wahrscheinlich aus Samen gezogen – ist zu erkennen an Blättern mit hellen Punkten, kriechendem Stamm und rötlich-orangen Blüten und ebenso an der riesigen, raschwüchsigen Ablegerzahl. Dieser Aloe-Mischling sollte nur für äußere Wundbehandlung angewendet werden.

Aloe ferox und Aloe variegata sollten auch nicht für medizinische Zwecke – innerlich angewendet - verwendet werden, da sie zu viele Aloine besitzen, die Bauchkrämpfe und Durchfälle und Darmblutungen verursachen können.

Und was wäre, wenn?

In der Weihnachtsnacht können Tiere sprechen

Das hat man in meiner Kindheit gesagt. Was wäre, wenn sie es könnten?

In Märchen oder Fabeln sind sprechende Tiere alltäglich. Welches Kind und welcher Erwachsene kennen nicht den sprechenden Wolf bei Rotkäppchen, der als Großmutter verkleidet im Bett liegt und Rede und Antwort gibt? In Fabeln dreht es sich nur um sprechende Tiere. Aber dann gibt es da noch die Überlieferung, dass Tiere in der Weihnachtsnacht nach Mitternacht mit Menschen die das hören wollen in menschlicher Sprache kommunizieren können. Diese Legende wird in vielen unterschiedlichen Ländern erzählt, aber immer muss es die Weihnachtsnacht sein und wenn Weihnachten, wie in der

Ukraine beispielsweise erst am 06. Januar gefeiert wird, können dort die Tiere eben an diesem Datum nach Mitternacht mit menschlicher Sprache reden. Der Ursprung für diesen Glauben kann sowohl durch das Christentum wie auch heidnisch belegt werden.

<u>Tiere reden in der Weihnachtsnacht</u>

In meiner Kindheit wurde uns Kindern das auch gesagt. Zu dumm nur, dass ich regelmäßig vor Mitternacht eingeschlafen bin. Es hat mich aber nicht davon abgehalten mir einen ganzen Nachmittag lang auszumalen, was unser Familienhund wohl mitzuteilen hat.

War sein Futter, das damals noch täglich selbst gekocht wurde, so gut und wohlschmeckend für ihn, wie wir uns vorstellten? Fühlte er sich ausreichend geliebt und gut behandelt? Hat er mir verziehen, wenn ich ärgerlich wurde, weil er hin und wieder auf mein Rufen nicht zurückkam? War sein Leben so schön, wie wir dachten? Es gab für mich als Kind durchaus Anlass etwas nervös zu werden, wusste ich doch nicht, wie der Hund wirklich über uns denkt und sicherlich war nicht jeder Tag des Jahres für ihn ein perfekter Tag.

Ein perfekter Tag wäre gewesen, wenn er im Winter so lang er wollte in meinem Bett hätte liegen dürfen. Das aber ging nur, wenn meine Eltern nicht da waren. Der Haushund war schließlich anfangs nur ein Hofhund, der sich immerhin zum Haushund hochgearbeitet hatte. Darüber nachzudenken, was Nutztiere alles zu erzählen hätten in der Weihnachtsnacht und das jemand ihnen zuhören wollte, ist wahrscheinlich eine zu große Idee. Wer will schon hören, wie sich ein Tier der Gattung potentieller Weihnachtsbraten über sein Leben und seinen Tod auslässt? Jeder, der das hört und keinen politisch korrekten, einen aus artgerechter Tierhaltung und möglichst humaner Schlachtung stammenden Weihnachtsbraten hat oder plant, müsste zumindest sofort Vegetarier werden. Andererseits sagt die Legende über die sprechenden Tiere zu Weihnachten explizit, nur die Menschen könnten sie hören, die das auch wirklich wollen. Einem " sprechenden Weihnachtsbraten" will sicherlich niemand zuhören, das könnte durchaus den Appetit verderben.

Es würde aber schon helfen, wenn wieder mehr Tierhalter darüber nachdenken, was ihr Haustier - Hund, Katze, Pferd, Kanarienvogel, Hamster usw. – ihnen in der Weihnachtsnacht mitteilen könnte oder wollte.

Weihnachten wäre dazu der perfekte Zeitpunkt - emotional beladen und vielleicht auch etwas rührselig - könnte es den Haustieren eine Stimme verleihen, egal ob wirklich oder nur angenommen. Wenn der Mensch wenigstens einmal im Jahr überprüft, ob seine Haustiere artgerecht gehalten und ausreichend geliebt werden, könnte die Welt für viele Hunde, Katzen, Pferde und andere Haustiere ein besserer Ort werden und Weihnachten wäre tierisch schön.

Woher kommt die Legende von den sprechenden Tieren zur Weihnachtszeit?

Im Christentum gibt es verschiedene Deutungen für die Entstehung dieser Legende. Eine davon sagt, dass die Tiere in dem Stall, in dem Jesus geboren wurde, in dieser Nacht sprechen lernten, um den Menschen dieses Ereignis mitzuteilen. Und schon damals wie heute, konnten nur die Menschen, die offen für diese Botschaft waren, sie verstehen.

Noch heute orientieren sich in vielen Regionen Landwirte daran und versorgen ihre Nutztiere im Stall in der Weihnachtsnacht besonders gut. Aus heidnischer Sicht können sich Menschen und Götter in Tiere verwandeln und in allen Raunächten sprechen. Die Raunächte sind die Nächte zwischen Weihnachten und Heilige Drei Könige am 06. Januar jeden Jahres. Da diese Umwandlung sowohl gute als auch schlechte Götter machen können und man nicht weiß, durch welches Tier welcher Gott oder Mensch spricht, wird hier sehr davon abgeraten, den sprechenden Tieren zuzuhören.

Weihnachten in Portugal

Und auch, wenn im Algarve keine Esskastanien wachsen, gehören sie jedoch zu einer portugiesischen Weihnacht unbedingt dazu.

Die Esskastanie mit portugiesischen Rezepten

Die Esskastanie war wahrscheinlich eines der ersten Lebensmittel des Menschen, es gibt Hinweise auf ihren Verzehr bereits in prähistorischer Zeit. Im Mittelalter dann hatten die Menschen nur begrenzten Zugang zu Weizenmehl und deshalb war sie die Hauptquelle für Kohlenhydrate. Aus Kastanienmehl kann Brot und Teig hergestellt werden, die Kastanie war der "Baum des Brotes". In Portugal werden Esskastanien aus Tradition der Bevölkerung geschenkt und repräsentieren symbolisch am Tag des St. Martins den Wohlstand und das Lebensmittel. Geerntet und gehandelt werden Esskastanien in Portugal von Oktober bis Januar, ein ansehnlicher Teil der Ernte bleibt auf dem lokalen Markt und auf dem portugiesischen Speiseplan.

<u>Wissenswertes über Esskastanien</u>

Esskastanien haben viele komplexe Kohlenhydrate. Deswegen machen sie langanhaltend satt, der Blutzuckerspiegel steigt nach ihrem Verzehr nur langsam an und bleibt längere Zeit stabil. Sie beinhalten viel Kalium (ca. 700 mg pro 100 g) und sind dadurch gut für die Nerven, regulieren außerdem Blutdruck und Herzschlag (dazu müssen Esskastanien allerdings regelmäßig gegessen werden). Das Kalium neutralisiert ein zu viel an Natrium durch beispielsweise zu viel Salz im Essen.

Sie haben viele B-Vitamine (B1, B2, B3 und B6), die auch nervenstärkend wirken und wieder fit machen bei Erschöpfungszuständen. Esskastanien weisen außerdem einen hohen Vitamin C-Gehalt auf - genauso so viel wie Zitronen -, unterstützen so das Immunsystem und wirken als freie Radikalenfänger. Sie haben nur 2 % Fett und sind damit im Vergleich zu anderen Nüssen nicht sehr fetthaltig. Ihr hoher Kalziumgehalt (33 mg pro 100 g) ist gut für die Knochen und sie hat noch andere lebenswichtigen Mineralien und Spurenelemente: Phosphor, Schwefel, Eisen, Magnesium, Kupfer und Mangan, Carotin und Vitamin E.

Die Esskastanie ist frei von Gluten und Cholesterin, gehört zu den basischen Lebensmitteln und ist gut für Magen und Darm. Ein Brei aus gekochten Esskastanien wird sehr empfohlen bei Entzündungen im Magen-Darm-Bereich. Sie kann ernährungsphysiologisch mit Vollkornreis gleichgesetzt werden und kann nur gegart gegessen werden, weil sie roh viel Gerbsäure beinhaltet, die zu Magenproblemen führen könnte. Sie darf auch nicht mit der Schale gegessen werden. Wenn Esskastanien reif vom Baum fallen, tragen sie noch die aufgeplatzte Außenschale mit den Stacheln, innen sind die Esskastanien versteckt. Wenn sie roh sind, können sie eigentlich nicht geschält werden. Viel einfacher geht das, wenn sie vorher gegart werden: beim Kochen oder Rösten platzt die eingeritzte Schale auf und die Kastanie kann anschließend herausgeholt werden.

Maronen und Esskastanien sind keinesfalls das gleiche. Es handelt sich hier um zwei verschiedene Arten der Edelkastanie, denn Maronen sind eine Weiterzüchtung der Esskastanie, sie sind grösser, heller, herzförmig und sie schmecken intensiver und süßlicher als die Esskastanie.

Die Esskastanie kommt frisch auf den Markt, wird aber auch schon tiefgefroren mit oder ohne Schale oder eingemacht und zu Flocken oder Püree weiterverarbeitet im Supermarkt angeboten. Frische Esskastanien sollten innerhalb einer Woche gegessen werden, da sie leicht schimmeln. Man kann sie aber gut tiefkühlen: erst blanchieren und danach entweder mit Schale einfrieren oder kochen und ohne Schale einfrieren. Zu Hause sollen sie an einem kühlen und trockenen Ort aufbewahrt werden. Tiefgefroren (sowohl roh, als auch gekocht) halten sie sich mindestens 6 Monate. Beim Einkauf ist darauf zu achten, dass die Kastanien fest und schwer sind mit einer unversehrten und glänzenden Schale.

Sie können geschmacklich sehr gut kombiniert werden mit Süßkartoffeln, Karotten, Pilzen, Kohl und Kürbis. Und als Kastanien-Sojamilch-Drink im Mixer zubereitet oder geröstet und kristallisiert werden, so wie sie in

Frankreich gern auf den Tisch kommen. Sie können anstelle von Kartoffeln als Beilage gereicht werden und ganz allgemein süß oder salzig zubereitet werden.

Botanisches rund um die Esskastanie

Der Kastanienbaum ist ein schöner großer Baum von 20-30 m Höhe. Diese Bäume können bis zu 500 Jahre alt werden und geben nach 20 Jahren regelmäßig Früchte in großer Menge. Ein Kastanien-Baum wächst gut in sauren Böden, in Granitböden und Schiefer und entwickelt sich nicht gut in basischen Böden.

Damit sie gut gedeihen, müssen die Bäume an einem sonnigen Standort gepflanzt werden, bevorzugt in durchlässigen und sandigen Boden. Kastanienbäume tolerieren sauren Boden und Trockenheit, sobald sie gut angewachsen sind. Die Bäume wachsen bevorzugt im mediterranen Klima, können sich aber großen klimatischen Unterschieden anpassen, von gemäßigt bis tropisch. Sie werden vermehrt durch Samen, die sofort nach der Ernte gepflanzt werden.

In der Blütezeit hat die Kastanie männliche und weibliche Blüten gleichzeitig. Die männlichen Blüten sind gelblich oder weiß und erinnern in ihrer Form an kleine

Katzenschwänze. Die weiblichen Blüten sind seltener und werden geschützt durch Stacheln. Die später aus den Blüten entstehenden Früchte sind die Kastanien, sie wachsen in einem Verbund von einer bis sieben und werden bewacht durch die stachlige Außenhülle, die an einen Igel erinnert, den sogenannten „Kastanien-Igel". Die Blüte und die Befruchtung finden im Herbst statt, wenn die üppige Kastanienblüte viele Bienen anzieht.

Die Esskastanie ist eigentlich ein Samen wie eine Nuss, hat aber viel weniger Fett als andere Nüsse und viel mehr Stärke, die erst durch Garen aufgeschlossen wird: ungefähr doppelt soviel wie Kartoffeln. Unbedingt zu beachten ist, dass nicht alle Kastanien Esskastanien sind, es gibt auch die Rosskastanien (in Portugal castanhas-da-índia genannt), die nicht gegessen werden können.

Wenn man Kastanien über den Winter lagern möchte, müssen sie vollständig trocken sein und bleiben ab dem Moment, wo sie den Kastanien-Igel verlassen. Danach werden sie in eine Kiste mit feinem und trockenem Sand gelegt, als Faustregel gilt: 3 Teile Sand und 1 Teil Kastanien. Die Oberfläche der Kastanien soll aus dem Sand oben herausschauen, der Rest ist sandbedeckt. Möchte man Kastanien jedoch im nächsten Frühjahr setzen, um neue Bäume zu ziehen, werden sie in feuchten Sand eingeschlagen und der Winterkälte ausgesetzt.

Die Esskastanie in Portugal

Die Weltproduktion von Kastanien wird auf 1,1 Millionen Tonnen geschätzt, angebaut auf einer Fläche von ungefähr 340.000 Hektar. China ist der größte Kastanien-Produzent mit ca. 70 % der Weltproduktion und 800 Tonnen jährlich. In Europa werden 12 % der Weltproduktion an Kastanien geerntet, hier führen Italien und Portugal mit 4 % und 3 %. Hauptanbaugebiete in Portugal sind Bragança, Chaves, Guarda und Portalegre. Der Mittelwert der Kastanienproduktion in Portugal beträgt 1000 kg/ha. Die Römer verteilten sie in Europa. Heute wird die Esskastanie vor allem in südlichen Ländern mit mediterranem Klima angebaut: neben Portugal in Spanien, Italien, Frankreich, der Türkei und dem Tessin.

Früher war die Esskastanie ein wichtiges Grundnahrungsmittel. Die Kastanie (*Castanea sativa*) war lange Zeit das Hauptnahrungsmittel der Bevölkerung in den Bergen Portugals und beliebt auf dem Speiseplan der

Haustiere (vor allem der Schweine), was sich in der guten Qualität ihres Fleisches zeigte. Es wurden meistens Brote aus ihrem Mehl gebacken. Aus Tradition werden in ganz Portugal am St. Martinstag am 11. November geröstete Kastanien gegessen und dazu neuer Wein und Schnaps getrunken. Aber auch zu Weihnachten und zum Jahreswechsel spielen sie eine wichtige Rolle. Seit den 90iger Jahren des letzten Jahrhunderts hat der Kastanienanbau in Portugal wieder Aufwind bekommen. Die Früchte und das Holz werden vermarktet.

Weil die Kastanienbäume groß und ausladend sind, werden sie auch in Portugal in Parks und großen Flächen angepflanzt.

Positiv ist, dass in Portugal unter den großen Kastanienbäumen Weidehaltung betrieben werden kann und sie sogar in Jagdgebieten angebaut werden können. Auch positiv ist, dass sie gute Ernte-Erträge auch in Regionen beschert, wo kein anderer landwirtschaftlicher Anbau möglich ist, beispielsweise wie in Trás-os-Montes. Der Kastanienbaum wächst gern in sauren Böden, in Granitböden und Schiefer und entwickelt sich nicht gut in basischen Böden. Wer Kastanien ernten möchte, muss mehr als einen Baum anpflanzen, um die Selbstbefruchtung zu gewährleisten. Das Kastanienholz ist sehr widerstandsfähig und reich an Tanin, es wird unter anderem genutzt in der Möbelindustrie und beim Hausbau. Im Gesundheitsbereich wird es eingesetzt bei Durchfall oder Atemwegproblemen.

In Portugal auf dem Land sind ein Topf gekochte und noch warme Esskastanien durchaus ein komplettes Familienessen. Außer gekocht werden sie in Portugal gern über offenem Feuer geröstet in einer dafür extra konstruierten eisernen Pfanne mit Löchern im Boden. Damit ist Kastanien rösten sowohl möglich über einem kleinen Grillfeuer, wie auch über einem Kaminfeuer und sogar ganz unkompliziert auf der Flamme eines Gasherdes. Dabei werden die Kastanien öfters hin und her gerüttelt, damit alle gleich viel Hitze abbekommen und keine anbrennt. Auf Märkten und auf öffentlichen Plätzen in den Städten stehen die Kastanienverkäufer. Sie verkaufen ihre frisch geröstete Ware tütenweise. Die Tüten werden aus Zeitungspapier zusammengerollt und die Kastanien in den speziellen Wägelchen der Verkäufer frisch geröstet über einer besonderen Holzkohle, die die Haut der fertigen Kastanien weiß bleiben lässt. Esskastanien können daheim im Backofen oder in der Mikrowelle geröstet werden, sie können gekocht werden mit Anis und auch immer als gesunder Snack serviert werden. Sie können als Gemüsesuppen-Zutat diese cremiger machen oder als Beilage zu Fleisch gereicht werden, beispielsweise in einer Kasserolle zusammen mit Hühnchen und anderen Gemüsen. In der portugiesischen Gastronomie wird sie angeboten auf viele verschiedene Arten: roh, gekocht, geröstet, frittiert, in Suppen, als Fleischbeilage, für Süßspeisen usw.

Rezepte mit Esskastanien aus Portugal

Kastanienpüree ist leicht selbst herzustellen und durch den hohen Stärkegehalt gekochter Kastanien eine gute Basis für viele Gerichte, es bindet beispielsweise Suppen, Eintöpfe und Soßen. Zubereitung: Zucker wird in etwas Wasser karamellisiert und geschälte Esskastanien werden zusammen mit etwas Flüssigkeit zugegeben. Um süße Gerichte einzudicken nimmt man als Flüssigkeit Wasser, ansonsten Wein oder Gemüsebrühe. Nach einer halben Stunde sind die Kastanien gar und können püriert werden.

Geröstete Rosmarinkastanien: Zutaten für 4 Personen: 600 g frische Kastanien mit Schale, 5 Zweige Rosmarin und Meersalz.

Zubereitung: Zuerst die Kastanien waschen und eine Stunde lang in eine Schüssel mit kaltem Wasser legen. Die Kastanien, die oben schwimmen, werden dabei aussortiert, weil sie nicht mehr ganz frisch sind. In der Zwischenzeit den Backofen auf ca. 220 Grad vorheizen. Dann die Kastanienschalen kreuzweise mit einem Messer einschneiden und zusammen mit den Rosmarinzweigen auf ein Backblech legen, mit der eingeritzten Seite nach unten. Die Kastanien bei 200 Grad 20 bis 30 Minuten lang rösten und dabei einmal umdrehen. Zum Schluss mit Meersalz würzen und warm servieren.

Ein traditionelles, portugiesisches Kastanien-Suppenrezept aus Trás-os-Montes:

Für 5 Personen nehme man: 3 l Wasser, 1 Zwiebel, 1 kg Kartoffeln, 500 g rote Bohnen, 1 kg geschälte Esskastanien, 200 g geräucherten Schinken oder Bacon (in kleine Stückchen geschnitten), Salz. Alle Zutaten in einem Topf ausreichend lang kochen lassen, bis sie weich sind und anschließend gut püriert werden können. Danach einen Kohl waschen, in Streifen schneiden und in die Suppe geben. Alles weitere 10 Minuten lang auf kleiner Flamme köcheln lassen. Die Suppe sofort heiß servieren.

Rezept für eine portugiesische Kastanien-Kürbis-Suppe: Zutaten: 600 g Kürbis, 300 g frische Kastanien,

2 kleine Zwiebeln, eine Knoblauchzehe, Rosmarin und Salbei, 10 cl Kochsahne, 1 EL Butter (oder wahlweise etwas Olivenöl), Salz, Muskatnuss und Pfeffer. Zubereitung: Die Kastanien anschneiden und in heißem Wasser zusammen mit einem Esslöffel Salz und einem Sträußchen Rosmarin kochen. Danach die Kastanien schälen und beiseite stellen. Zwiebel und Knoblauch schälen, klein hacken und mit der Butter und drei Blättchen Salbei in einer Pfanne anbräunen. Anschließend den vorher geschälten und in Würfel geschnittenen Kürbis dazugeben, ein paar Minuten lang auf kleiner Flamme mit braten lassen, danach Wasser aufgießen bis alles bedeckt ist und 20 Minuten lang köcheln lassen. Dann die Kastanien dazugeben und die Suppe in einem Mixer oder mit einem Küchenstab so lange verrühren, bis eine homogene Masse entstanden ist. Zum Schluss die Kochsahne angießen, die Suppe würzen und vorsichtig nochmals erhitzen.

Rezept für ein Kastanienbrot: Das Kastanienbrot wird nicht mehr wie in vergangenen Tagen aus Kastanienmehl hergestellt, sondern aus Weizenmehl und Kastanien. Einige Mengenangaben beziehen sich wie in alten Zeiten noch auf die Maßeinheit einer Teetasse. Wichtig dabei ist lediglich, für das ganze Rezept eine gleichgroße Teetasse zu verwenden. Zutaten für den Teig: 30 g frische Hefe, 1 EL Zucker, 500 g Weizenmehl, 2 Teetassen Wasser, 1 Teetasse Vollkornmehl, 1/2 Tee-Tasse Roggenmehl, 1/2 EL Salz, 1 EL Butter, 2 Eier. Zum Bestreichen und Bestäuben: 1 Teetasse Weizenmehl, 1 geschlagenes Eigelb. Für die Füllung: 1/2 Teetasse Cashewnüsse (grob gehackt), 1 Teetasse gekochte Kastanien (grob gehackt), 1 geschlagenes Eigelb. Zubereitung: Für den Teig die frische Hefe über den Zucker bröseln und gut miteinander vermischen. Nach und nach die übrigen Zutaten zugeben und den Teig immer wieder mit den Händen gut verkneten. Den so erhaltenen Teigklumpen mit Mehl bestäuben, verkneten und solange kleine Mengen Mehl dazugeben bis der Teig nicht mehr an den Händen kleben bleibt. Danach den Teig an einem warmen Ort gehen lassen, bis er doppeltes Volumen erreicht hat. Als nächstes wird der Teig auf einer sauberen Oberfläche mit einem Nudelholz ausgerollt. Anschließend den Teig mit einem aufgeschlagenen Eigelb einpinseln und für 30 Minuten beiseite stellen. Für die Füllung werden die gehackten Kastanien und Cashewnüsse mit dem Teig vermengt, sobald dieser gegangen ist. Den jetzt fertigen Brotteig in eine runde, gefettete Form füllen und im vorgeheizten Backofen bei mittlerer Temperatur 40 Minuten lang backen lassen, bis das Brot goldbraun ist.

Und ganz wichtig, ist auch dieser Kuchen zu Weihnachten!

Rezept für Königskuchen (Bolo Rei) aus Portugal

500 Gramm Weizenmehl, eine Prise Salz, 1 Päckchen Trockenhefe und 120 Gramm Zucker miteinander verrühren. Danach 3 Esslöffel lauwarme Milch unterrühren. Diesen Grundteig zugedeckt 10 Minuten lang an einem warmen Ort gehen lassen.

Anschließend 125 Gramm zerlassene und wieder abgekühlte Butter, 3 Eier und folgende Trockenfrüchte und Nüsse dem Grundteig zugeben und unterkneten: 50 Gramm Rosinen, 50 Gramm getrocknete und kleingeschnittene Feigen, 75 Gramm gehackte Mandeln und 75 Gramm gemahlene Haselnusskerne. Den soweit fertiggestellten Hefekuchenteig nochmals 20 Minuten lang zugedeckt gehen lassen. Nun wird der Teig zu einer Rolle geformt und in eine gefettete, bemehlte Kranzbackform gefüllt und darf nochmals 20 Minuten in der Form gehen. Vor dem Backen den Kuchen mit einem verquirlten Ei bestreichen und mit Hagelzucker bestreuen. In einem auf 200 Grad vorgeheizten Backofen 60 Minuten lang backen. Nach dem Backen den Königskuchen etwas auskühlen lassen, ihn aus der Form nehmen, abschließend mit einem Eiweiß bestreichen und mit 3 Esslöffel Pinienkernen und 200 Gramm kandierten Früchten dekorieren.

Bei einem festlichen Mahl darf natürlich Portwein nicht fehlen.

Portwein, der Dessertwein aus Portugal

Die Briten sind schon seit jeher als Portweinliebhaber bekannt. Wer hat nicht schon Miss Marple und Co. in alten Filmen gesehen, die genussvoll gern ein Gläschen Portwein nachmittags kredenzten? Heute haben die Franzosen die Briten im Portweinkonsum als Exportgut aus Portugal überrundet. Und natürlich wird auch innerhalb Portugals Portwein getrunken. Alles Wissenswerte über Portwein inklusive einigen sehr einfachen Rezepten unter Verwendung von Portwein.

<u>Das Anbaugebiet von Portwein</u>

Portwein wird ausschließlich im Flusstal des Douro angebaut, das sich östlich von Porto befindet. Das Flusstal ist vor vom Atlantik kommenden Winden geschützt durch hohe Berge und der Boden ist sehr schieferhaltig. Nur Trauben, die in diesem Gebiet Nord-Portugals angebaut werden sind geeignet, guten Portwein hervorzubringen. Die geschützte Anbaulage, die Schieferböden, Winter mit viel Regen und Sommer mit viel Sonne lassen diese Trauben optimal reifen und bestimmen später die Farbe und das einzigartige Bukett von gutem Portwein. Die Portweinkellereien befinden sich in der Hafenstadt Vila Nova de Gaia, wohin der Wein im Frühjahr gebracht wird, um dort vor seiner Abfüllung jahrelang in Holzfässern zu reifen.

Die Herstellung von Portwein

Die Weingärung wird an einem bestimmten Punkt gestoppt, wenn hochprozentiger Weinbrand (76 % -80 %) oder Weindestillat (98 %) zugegeben wird, der die für die Gärung zuständigen Hefebakterien vernichtet. Dieser Prozess wird "aufspriten" genannt. Das Ergebnis ist ein Portwein mit höherer Restsüße und einem höheren Alkoholgehalt als herkömmlicher Wein: 18 % bis 22 %. Diese Prozentzahl ist übrigens vorgeschrieben.
Die Süße des Portweins wiederum garantiert seine überaus lange Lagerfähigkeit. Vermutlich liegt hier auch der

Ursprung des Portweins: anfangs wurde etwas Branntwein zugegeben, um den Wein haltbarer und transportfähiger zu machen. Je nachdem, welcher Zeitpunkt gewählt wird, um den Wein aufzuspriten, wird das Ergebnis süßer oder weniger süß sein. Umso früher die Gärung unterbunden wird, umso süßer wird das Ergebnis sein und umso mehr Branntwein muss zugegeben werden. Portwein gibt es übrigens auch als "dry" oder "extra dry".
Die Qualität des Endprodukts Portwein wird bestimmt vom Jahrgang, dem Herstellungsverfahren und dem Reifegrad. Die höchste Qualitätsstufe heißt Vintage Port. Jeder Portwein, egal welcher Qualitätsstufe, lagert zwischen zwei und sechs Jahre in Weinfässern. Die erste Weinverkostung nach zwei Jahren Reifung entscheidet darüber, ob er sich weiter entwickeln darf zu einem hoch qualitativen Portwein oder ob er bald in den Handel gelangt.

<u>Verschiedene Portweine</u>

Für den Verbraucher und/oder Portweinliebhaber ist es wichtig zu wissen, dass die Qualität des Jahrgangs über seine Lagerfähigkeit entscheidet, umso qualitativ hochwertiger, umso länger die Lagerfähigkeit. Portwein wird übrigens farblich heller, je länger er gelagert wird. Und da sind wir schon bei den herkömmlichen Sorten, die mittlerweile in fast jedem Supermarkt angeboten werden:

Ruby ist der junge Portwein, abgefüllt bereits nach zwei bis drei Jahren Fassreifung, fruchtig im Geschmack (mit Aromen von Waldbeeren), dunkelrot oder rubinrot in der Farbe und eine gute Ergänzung zu süßem Gebäck oder mildem Käse.

Tawny bezeichnet schon die nächste Qualitätsstufe mit mehr Jahren Fasslagerung als Ruby und von daher auch heller in der Farbe, im Geschmack süß und nussig. Ein Tawny ergänzt geschmacklich gut Salziges, wie Oliven oder Pasteten.

Oft werden für einen Ruby oder Tawny verschiedene Grundweine und Jahrgänge zusammengemischt (verschnitten), was einem guten Geschmacks-Ergebnis aber keineswegs schadet. Gemischt werden sie aus alten und jungem Wein und Weinen mit unterschiedlicher Süße. So soll eine gleichbleibende Qualität erhalten bleiben, ein Ruby- oder Tawny-Portwein einer bestimmten Marke soll seinen charakteristischen Geschmack jedes Jahr mit Wiedererkennungswert seitens des Konsumenten aufweisen.

Wer gern einen unverschnittenen Portwein genießen möchte, greift zu einem *Colheita*. Er darf noch länger im Fass reifen und besteht nur aus einem einzigen Jahrgang, der auf der Flasche neben dem Abfülldatum vermerkt ist. Vom Geschmack her würzig, ist er ein geeigneter Begleiter für ein Dessert.

Vintage bezeichnet einen außergewöhnlich guten Port, hergestellt aus nur einer Ernte aus einem herausragenden Jahrgang, zwei Jahre lang gelagert, tiefrot und fruchtig. Das Besondere an einem Vintage ist, dass er in der Flasche erst zu seiner wahren Größe heranreift: er sollte frühestens nach 10 Jahren genossen werden, besser noch nach 20-30 Jahren.

Neben diesen verschiedenen roten Portweinen, gibt es auch den weißen, der überwiegend aus weißen Trauben gewonnen wird. Vom Geschmack her ist der *weiße Portwein* meistens weniger süß als der rote, leichter, fruchtig und wird gern gekühlt oder "on the rocks" serviert. Allerdings finde ich, an heißen Sommerabenden schmeckt ein roter Port gekühlt durchaus auch gut. Darf ein weißer Port in Eichfässern reifen, zeigt er eine goldgelbe Farbe.

Das Portwein-Institut in Lissabon

Für PortweinliebhaberInnen oder solche, die es noch werden wollen, sei ein Besuch im Portweininstitut in Lissabon wärmstens empfohlen. Wir haben es selbst ausprobiert und für gut befunden.

Dieses Portwein-Institut hat das Ambiente und die filmreife Atmosphäre eines englischen Clubs aus einem James-Bond-Film. Bequeme Clubsessel laden zum Verweilen ein, ein Kellner, der glatt auch als Butler durchgehen würde, bringt eine ausführliche Portweinkarte. Bestellt werden kann nun gläserweise Portwein aller Preis- und Altersklassen. Doch Vorsicht, nach drei bis vier Gläsern, ist das Leben bereits um einiges lustiger. Das wirklich Bemerkenswerte sind die Gäste. Von Studenten in Jeans bis zu Smoking- und Fliegenträger reicht die Bandbreite. Und betreten sie anfangs in kontrollierten Schritten dieses Institut, konnte ich keinen mehr ausmachen, der später wieder ging und immer noch unauffällig geradeaus gehen konnte.
Hier ist die Adresse des Portwein-Instituts: Rua de S. Pedro de Alcântara 45, Lissabon, (im Bairro Alto-Viertel).

Einfache Rezepte mit Portwein

Portwein mit Feigen

8 frische Feigen waschen und halbieren. 2 EL Zucker in einer Pfanne karamellisieren lassen, die Feigen mit der Schnittfläche nach unten hineinlegen und kurz erhitzen lassen. Mit 125 ml roten Portwein aufgießen, eine Zimtstange zugeben und alles 5 Minuten lang ziehen lassen. Vor dem Servieren die Zimtstang wieder entfernen.

Honigmelone mit Portwein

Eine Honigmelone halbieren und die Kerne mit einem Löffel entfernen. In die entstandenen Aushöhlungen Portwein füllen und das Fruchtfleisch der Honigmelone zusammen mit dem Portwein auslöffeln.

Rezept: Portweinbirnen

375 ml roten Portwein zusammen 4 Sternanis, 1 Zimtstange, 4 Nelken, 1 Prise Cayennepfeffer und 100 g Kandiszucker in einem Topf geben, aufkochen und 10 Minuten lang köcheln lassen. In der Zwischenzeit 4 Birnen halbieren und entkernen. Die Birnen danach in den Portweintopf legen und ca. 8 Minuten lang mit dünsten lassen. Danach die Birnen herausnehmen und auf ein Back-

blech legen, das vorher mit Alufolie ausgelegt wurde. 125 g Blauschimmelkäse in Scheiben schneiden und auf die Birnen verteilen. Im Backofen die Birnen mit Käse übergrillen, bis der Käse geschmolzen ist. Aus dem Portweinsud die Gewürze herausnehmen und danach den Sud mit 220 g Preiselbeeren reduzieren lassen. Die überbackenen Birnen zusammen mit den Portwein-Preiselbeeren anrichten.

Ein gesundes Rezept: Portwein mit Knoblauch
500 g Knoblauch schälen und kleinhacken. In eine Flasche füllen und mit 1 l roten Portwein aufgießen. Die Flasche verschließen und den Knoblauch-Portwein 20 Tage lang ziehen lassen. Wer eine solche Knoblauch-Portwein-Kur machen möchte, beginnt abends vor dem Essen mit einem halben Likörglas davon und steigert nach und nach auf 1-2 Likörgläser täglich. Dieser Knoblauch-Portwein ist gut für die Gesundheit und soll vor allem gegen chronische Bronchitis wirken.

Wem Portwein zu süß ist, der darf gern ausweichen auf einen Vinho Verde, auch typisch für Portugal.

Der Vinho Verde, ein leichter (nicht nur) Sommerwein aus Portugal

Vinho Verde ist ein junger, leichter und spritziger Wein aus Portugal.

Ein Vinho Verde hat zwischen 8,5 bis 11,5 % Alkoholgehalt. Damit ist dieser leichte Wein sehr gut geeignet als Sommergetränk, gut gekühlt oder sogar "on the rocks". Am besten bekannt ist der weiße Vinho Verde, der hauptsächlich exportiert wird und meistens ein trockener Wein ist. Es gibt ihn aber auch als halbtrockenen weißen Vinho Verde und als Rosé oder Roter.

Zwei mögliche Erklärungen dafür, warum dieser Wein "grüner" (verde) Wein heißt: die eine geht davon aus, dass die Säure und die Frische, die den Vinho Verde geschmacklich ausmachen, an immer noch grüne Früchte erinnern. Andererseits kann sich die Bezeichnung "grün" auch auf das Anbaugebiet dieses Weines beziehen, eine Region mit viel Vegetation, die das ganze Jahr über grün ist. Fakt ist, das Anbaugebiet von Vinho Verde ist grün und feucht mit kühleren Temperaturen, ausreichend Regen und einem extremen atlantischen Einfluss. Es ist eines der ursprünglichsten und vielseitigsten Gebiete Portugals.

Was ist ein Vinho Verde?

Der Vinho Verde ist einzigartig in der Welt. Es ist ein portugiesischer Wein, der von Natur aus einen leichten und frischen Charakter hat. Vinho Verde wird produziert in einer für ihn ausgewiesenen Anbauregion im Nordwesten von Portugal, einer Küstenregion mit einer geographisch guten Lage um exzellente Weißweine herzustellen. Ein Vinho Verde hat einen geringen Alkoholgehalt und dementsprechend weniger Kalorien als ein herkömmlicher Wein. Es ist ein fruchtiger Wein, der einfach und am besten gut gekühlt zu trinken ist und sich gut eignet als Aperitif oder als Tischwein für leichte und ausgewogene Mahlzeiten: Salate, Fischgerichte, Meerestiere, weißes Fleisch, Tapas, Sushi. Und nicht zu vergessen, ein Vinho Verde wird in der Regel ganz natürlich ohne irgendwelche Zusätze hergestellt, ist preisgünstig (ab 1,50 Euro bis 8 Euro), ist gut gekühlt erfrischend bei sommerlichen Temperaturen (aber nicht nur dann) und kann als junger Wein nicht gelagert werden, sondern will sofort getrunken werden.

Jeder Vinho Verde hat übrigens auf der Flasche ein Garantiesiegel von der portugiesischen Kommission für den Weinanbau in der Region der Vinhos Verdes, das ihn als solchen ausweist.

Geschichtliches über den Vinho Verde

Im 12. bis 13. Jahrhundert n. Chr. begann der beständige Weinanbau. Die Anfänge des portugiesischen Weinanbaus waren in der Region Entre-Douro-e-Minho ("zwischen dem Douro und dem Minho", gemeint sind die Flüsse) zu finden, genau da, wo heute noch immer der Vinho Verde angebaut und erzeugt wird.

Geschichtlich gesehen waren die Vinhos Verdes wohl die ersten exportierten Weine aus Portugal, die auf dem europäischen Markt bekannt waren. Dieser europäische Markt wurde damals übrigens aus England, Flandern und Deutschland gebildet.

1908 wurde erstmalige das genaue Weinanbaugebiet für Vinho Verde gesetzlich festgelegt um eine gleichbleibende gute Qualität zu erhalten und die Produktion und den Handel zu regeln.

Geographisches über den Vinho Verde

Das Anbaugebiet des Vinho Verdes erstreckt sich über den ganzen Nordwesten Portugals in einer Zone, die bekannt ist unter dem Namen: Entre-Douro-e-Minho. Es wird im Norden begrenzt vom Fluss Minho (der die Grenze zu Galicien bildet), im Osten und im Süden von Gebirgsregionen, die eine natürliche Grenze bilden zwischen dem vom Atlantik beeinflussten Entre-Douro-e-Minho und den eher mediterranen Klimazonen im Inneren des Landes und dann ist da noch der atlantische Ozean, der die Grenze im Westen bildet.

Das gesamte Gebiet unterliegt dem Einfluss des Atlantiks: die Flusstäler der Hauptflüsse erstrecken sich von Osten nach Westen und gewähren deshalb den maritimen Winden leicht Zugang. Dieses Weinanbaugebiet wird eingeteilt in folgende sechs Unterregionen: Monção, Lima, Basto, Braga, Amarante und Penafiel. In diesen darf der Vinho Verde angebaut und produziert werden, "ein Wein mit unverwechselbaren Merkmalen, die hervorgebracht werden aus den geographischen Gegebenheiten und dem Zusammenspiel von natürlichen und menschlichen Faktoren", so die portugiesische Kommission für den Weinanbau in der Region der Vinhos Verdes-CVRW. Das Weinanbaugebiet des Vinho Verde erstreckt sich über eine Größe von 21.000 ha und entspricht damit 15 % der gesamten nationalen portugiesischen Weinanbaufläche.

Das Produktionsgebiet von Vinho Verde ist geographisch gesehen exakt das gleiche wie das Produktionsgebiet von einem Wein aus dem Minho. Ein Wein, der daher kommt, kann also ein Vinho Verde sein oder ein Wein aus dem Minho.

<u>Wie wird Vinho Verde hergestellt?</u>

Der Vinho Verde kann mit einigem Recht als ein natürliches Produkt angesehen werden. Seine Weinmoste haben einen mittleren Gehalt an Zucker, aber viel Säure, einen niedrigen ph-Wert mit einem ausreichenden Stickstoff-Gehalt. Das bedingt eine leichte und vollständige Gärung. Während der Gärung steigt die Temperatur des Mostes an. Dadurch kann präzise bestimmt werden, wann der Wein fertig ist. Voraussetzung für diese natürliche Gärung ist eine totale Hygiene auf dem Weingut und den eingebrachten Weintrauben und allem was dazugehört. Es ist weder ratsam, noch wünschenswert, noch nötig die Weinsäure zu korrigieren oder den Most zu entsäuern. Nach EU-Richtlinien muss der Most übrigens aus diesem regionalen Vinho Verde-Weinanbaugebiet stammen.

Die Weinlese: Der genaue Zeitpunkt der Weinlese macht viel von der Charakteristik eines Weines aus. An dieser Stelle kann schon der Säuregehalt vorausgesagt werden. Weine mit höherem Alkoholgehalt gehen aus späten Weinlesen hervor. Jede Traubensorte hat ihren eigenen Reife-Zeitpunkt, an dem sie ausgewogene Geschmackseigenschaften liefert und jeder Weinproduzent wird darauf große Aufmerksamkeit legen. Wenn die Weinlese begonnen hat, muss große Sorgfalt auf die Transportbedingungen der Weintrauben zu der Weinkellerei gelegt werden. Die Weintrauben sollen im Ganzen und nicht beschädigt oder gar zermatscht ankommen. Auch die Außentemperatur bei Beginn der Weinlese sollte beachtet werden, ist es zu heiß, kann die Gärung ungewollt vorab beginnen. In der Weinkellerei angekommen, werden die Trauben in eine Weinpresse gefüllt, ohne vorher zerkleinert zu werden. Eine gängige Methode um weißen Wein herzustellen ist es, die Trauben gären zu lassen, nachdem sie gepresst wurden ohne Zugabe irgendeines anderen Zusatzes. Diese Methode hat den Namen "bica aberta"(wörtlich übersetzt: offener

Schnabel). Bei Rotweinen dagegen werden vor dem Gärprozess die Trauben zerkleinert. Diese Methode nennt sich dann "curtimenta" (wörtlich übersetzt: Gärung).

Die alkoholische Gärung: Nachdem sich die schwereren Substanzen auf den Boden abgesetzt haben, wird der Most für weiße Weine in einen anderen Behälter zum Gären umgefüllt. Die alkoholische Gärung ist ein chemischer Prozess, in dem Zucker in Alkohol umgewandelt wird. Das geschieht aufgrund von Hefebakterien, die sich dabei bilden und manchmal als Gärungs-Starterhilfe am Anfang zugegeben werden. Wichtig ist die Gärungstemperatur. Während des Gärungsprozesses setzt der Most Wärme frei und erhöht dadurch seine Temperatur. Als Faustregel gilt: ein Grad Temperaturerhöhung des Mostes entspricht einem Prozent Alkohol desselben. Ein Most mit einer Anfangstemperatur von 15 Grad wird also 10 % Alkohol enthalten, wenn er 25 Grad erreicht hat.

Die Temperatur beeinflusst die Entwicklung der Gärung. Unter 12 Grad Temperatur findet keine Gärung statt und umso höher die Temperatur ist, umso schneller gärt der Most. Zu hohe Temperaturen allerdings killen die Hefebakterien und deshalb ist es wichtig, deren Vorhandensein genau zu kontrollieren, denn die Hefebakterien sind verantwortlich für das spätere Aroma des Weines und seinem Säuregehalt.

In einer zweiten Gärung wird Milchsäure gebildet, die einen festen Säuregehalt der Weine hervorbringt und außerdem Kohlensäure produziert, ein Charakteristikum von Vinho Verde, der oft im Mund prickelt. Allerdings wird durch diese zweite Gärung wieder etwas von dem Weinaroma, das aus der ersten Gärung gewonnen wurde zerstört, so dass schon manche Produzenten von weißem Vinho Verde darauf verzichten und dafür einen Wein auf den Markt bringen, der gleichzeitig erfrischend, jung und aromatisch schmeckt. Bei roten Vinho Verdes wird aber gern auf diese zweite Gärung zurückgegriffen, denn diese bestechen eher durch ihre geschmackliche Komplexität, als durch die Intensität ihres Aromas.

Über uns

Am Rand dieses Naturparks wohnen wir

Der Naturpark Ria Formosa im Algarve

Der Naturpark Ria Formosa ist eine Lagunenlandschaft mit Inseln, Wasserkanälen und einer interessanten Fauna und Flora und befindet sich im östlichen Teil der Algarve. Er umfasst einige Inseln, die zum Teil bewohnt sind, und eine abwechslungsreiche Landschaft mit Sand- und Dünengebieten und natürlichen Wasserkanälen, die dem Einfluss von Ebbe und Flut unterliegen.

Idyllische Fahrrad- und Wanderwege laden Natur-Interessierte ein, die Flora und Fauna zu erkunden und in den Wasserkanälen bei Flut ein Bad zu nehmen - fernab vom Massentourismus.

Was ist die Ria Formosa?

Der ökologisch wertvolle Naturpark wurde 1987 gegründet. Seine gesamte Fläche beträgt mehr als 18.000 Quadratkilometer. Er erstreckt sich entlang der Küste zwischen Faro und Manta Rota, auf ungefähr 50 Kilometer Länge. Vor der Küste sind Sandbänke vorgelagert und schützen die Lagunen vor der Brandung des Atlantiks. Ein Besuch ist interessant für alle Naturfreunde und besonders auch für Ornithologen: mehr als 200 verschiedene Vogelarten sind hier anzutreffen, ein Großteil davon Zugvögel, die in dem geschützten Naturpark eine Pause einlegen auf ihrem Flug von oder nach Afrika. Im Winter sind beispielsweise an einigen Stellen Flamingos anzutreffen. Sie stehen an niedrigen Wasserstellen und sind von der Farbe her eher weißlich denn rosa, da sie hier nicht viele Garnelen als Nahrung antreffen, die ihnen ihre schöne knallrosa Farbe verleihen. Schwarze Enten, Weiß-Störche, Löffelreiher, Stelzenläufer, Blesshuhn sind nur einige allgemein bekannte Vogelarten, die es hier gibt. Durch den Schutz der vorgelagerten Sandbänke können Vögel ungestört brüten und ihre Jungen aufziehen. Zahlreiche Nester der Weiß-Störche mitsamt Eltern und oft auch Jungtieren oben auf Telefon- oder Strommasten, sind ein charakteristisches Bild.

Kilometerlange Sandinseln laden zu Strandspaziergängen und Badevergnügen ein

Sechs größere Sandinseln befinden sich innerhalb dieses Naturparks und können meist per Boot oder Fähre besucht werden. Sie eignen sich auch hervorragend als Badeinseln; die Möglichkeit etwas zu essen oder Kaffee zu trinken ist auf allen vorhanden. Von Faro aus erreichbar ist die Ilha de Deserta.

Ab Olhao fahren Fähren zur Ilha da Culatra und Ilha da Armona. Culatra ist eine bis heute bewohnte Fischerinsel. Wer dort hinfährt, bekommt einen guten Eindruck über das Leben eines Fischers und seiner Familie in der heutigen Zeit. Die Häuser sind klein und bunt und meist umgeben von liebevoll gepflegten Ziergärten voller Blüten. Restaurants, Cafés, ein kleiner Einkaufsladen (Mini-Mercado) sind genauso vorhanden wie ein Gemeindezentrum mit Kindergarten und Freizeitangebot für die Inselbewohner. Ein Holzbohlenweg führt von der Anlegestelle der Fähre bis zum kilometerlangen Strand auf der anderen Seite der Insel. Wer gern am Strand entlangläuft, kann sich ein Fährenticket nach Culatra – der Ansiedlung am Anfang der Insel – kaufen und von Farol aus – einer Feriensiedlung am Ende der Insel – wieder zurückfahren, oder umgekehrt. Ein muschelsuchender Strandspaziergänger wird für die Distanz 1 – 2 Stunden benötigen. Aber auch die Insel Armona ist einen Besuch wert, vor allem im Sommer, um einen schönen Strandtag zu verbringen. Armona kann in wenigen Minuten auf einer preiswerten Fähre auch von Fuzeta, einem bis heute noch nicht vom Massentourismus überlaufenen, kleinen Fischerort, erreicht werden. Dann gibt es noch die Ilha de Tavira, die erreicht werden kann in und um Tavira herum und die Ilha de Faro. Die Faro-Insel befindet sich gleich neben dem Flughafen und ist trotzdem sehr schön. Sie hat den Vorteil, dass sie mit dem Auto über eine Brücke angefahren werden kann. Auch hier sind neben Ferienhäusern noch kleine, ganzjährig bewohnte Häuser von Fischern zu finden.

Ebbe und Flut verändern die Lagunenlandschaft

In der Ria Formosa kann die Wirkung von Ebbe und Flut eindrucksvoll erlebt werden. Während bei aufgelaufener Flut viele Bereiche von Wasser bedeckt sind, werden bei Ebbe Wasserkanäle und kleine Wattinseln sichtbar. Die Fischerboote liegen dann auf dem Trockenen und viele Krebse huschen durch das seichte Wasser auf der Suche nach ihrem Schlupfloch. Früher wurde viel Salz gewonnen in extra dafür angelegten Salzbecken, die bei Flut überlaufen und bei Ebbe ablaufen und das Salz hinterlassen, das dann geerntet werden kann. Auch heute noch wird auf diese Weise Salz gewonnen, aber längst nicht mehr so oft und viel wie in der Vergangenheit. Austern- und Muschelzucht ist heute aktueller.

Viel Wissenswertes über den Naturpark in der Quinta de Marim

Die Quinta de Marim in Quelfes – Nähe Olhao – vermittelt einen guten Eindruck von der Vielfältigkeit der Flora und Fauna dieser Landschaft. Ihre Intention ist es, Besuchern die vielfältige Natur, die innerhalb des

Naturparks existiert, aufzuzeigen und so ein verstärktes Umweltbewusstsein zu schaffen. In einem Informationszentrum liegen darüber Broschüren aus, auch ein kleines Museum ist angegliedert und gibt Auskunft über Schiffe, Fische und Muscheln. Für interessierte Besucher ist ein Rundwanderweg angelegt. Er führt unter einheimischen Bäumen unter anderem zu einer Süßwasserlagune mit einer Vogelbeobachtungsstation für Seevögel. Dann weiter zu einer "Nora", einem noch heute funktionierendem Bewässerungssystem aus der arabischen Zeit Portugals; einer immer noch in Betrieb laufenden Gezeitenmühle; einem Thunfisch-Schiff und einer Vogelstation, wo gefundene Wildvögel, die verletzt aufgefunden wurden, abgegeben und aufgepäppelt werden, bevor sie wieder in die Freiheit entlassen werden. Salinen, Watt, und ein Dünengebiet wechseln sich entlang der Küstenlinie ab.

Unsere Baumschule

Als Sabine und ich mit Pickup, Wohnwagen, Hund und Katzen 1992 in Portugal ankamen, wagten wir voller Optimismus einen Neustart im südwestlichsten Land Europas. Wir hatten zwei Hektar Land gekauft mit Wohnhaus und Pferdestall und einem Pferd. Alles war so anders in diesem Land. Die Vegetation war spärlich und im ländlichen Raum, zu dem Moncarapacho gehört, war fast alles, was grünte, auf Nutzen ausgerichtet. Mandelbäume, Johannisbrotbäume, Feigenbäume und Wollmispeln, das war alles, was bei uns bereits wuchs, neben Palmen und Yuccas im Hausgarten. Und nicht zu vergessen die essbaren Zitronengeranien und die Brennnessel, dank der Pferde.

Eines Tages beschloss ich unser Grundstück aufzuforsten und sammelte von da ab Samen, Stecklinge und Pflanzen. Hilfe dabei fand ich in unserem Permakultur-Klub. Wir tauschten und verkauften untereinander die selbstgezogenen Pflanzen und so bekam ich auch die jetzt unerwünschten Tennesiewinder, Leucaena, Akazien und Ipomea. Da wir eigenes Brunnenwasser und Pferdemist hatten, gedieh alles prächtig. Und dann kamen Interessenten zu uns, die meine Pflanzen für ihren Garten haben wollten und so beschloss ich mein Hobby zu einem Gewerbe zu machen, die „Viveiro para Plantas" war geboren.

Wir sammelten in den Parks Portugals Samen und Ableger von Bäumen aus aller Welt, da die Portugiesen und hier vor allem die Mönche selbst leidenschaftliche Pflanzensammler waren und das schon mindestens 500 Jahre lang.

Internet gab es damals noch nicht, also mussten Bücher her: Palmenbücher, Bücher über mediterrane Pflanzen, über Bananen, Bambus und alles, was es auf Deutsch über Kübelpflanzen gab. Aber heute gibt es ja Internet und natürlich auch in Portugal und somit sind jetzt alle wichtigen Informationen jederzeit verfügbar.

Nach den so wichtigen Schattenbäumen, zum Teil mit wunderschönen Blüten, waren die Palmen meine große Leidenschaft. Es gab Kunden, die kamen von weit her um zu sehen, wie ich bestimmte Palmen kultiviere. Meine botanischen Leidenschaften wechselten im Laufe der Jahre, mal waren es Bananensorten oder Bambussorten oder mediterrane Obstsorten. Besonders zu erwähnen ist die Eugenie uniflora oder Pitanga, der ich meine Marktfahrerei zu verdanken habe. Eine junge Frau aus Deutschland, die jahrelang versucht hatte ihre selbstgezogenen Pflanzen der bis dahin in Portugal unbekannten Surinamkirsche zu verkaufen, gab dies irgendwann auf und verkaufte mir ihre kompletten Restbestände. Auf einmal stand ich da mit Hunderten von Pitangas und es wurde der Renner. Nur als Heckenpflanze muss sie noch entdeckt werden. Ähnliches passierte mir mit Bougainvilleas, Oleander und Maulbeerbäumen. Meine Liebe zu Maulbeerbäumen ist mir geblieben, sie sind ja auch so lecker und ich habe eine schöne Erinnerung an Kinder, die bei uns zu Besuch waren, in einem unserer Maulbeerbäume saßen mit blau verschmierten Händen, Mündern und Kleidung.

Da unsere Baumschule nie als solche geplant war, gibt es jetzt da und dort eine Fläche mit Pflanzen, alles kunterbunt gemischt wie in einem Wimmelbuch. Ein interessierter Pflanzenkäufer sollte Zeit mitbringen, um sich in Ruhe umschauen und seine eigenen Entdeckungen machen zu können, gern auch mit telefonischer Voranmeldung und einem persönlichen Termin.

Unsere Farm

Seit über 20 Jahren wohnen und leben wir im Algarve in Portugal auf unserer kleinen Farm, wo im Laufe der Zeit Tiere und Pflanzen ihr Zuhause gefunden haben. Die Pflanzen befinden sich teilweise in Didis kleiner, mediterraner Baumschule, die anderen wurden vor vielen Jahren angepflanzt und sind nun groß, rauschen im Winterwind und spenden Schatten gegen die Sommersonne.

Wer uns und unsere kleine Farm noch nicht kennt, kann bei uns Urlaub machen und portugiesische Eindrücke vor Ort sammeln. Wir bieten zwei Gästezimmer an mit einem großen gemeinsamen Bad und eigenem Eingang im ersten Stock unseres Wohnhauses. Ein paar Meter neben unserem Haus befindet sich unser Turm mit Dachterrasse, viel Platz und einer komplett eingerichteten Gemeinschaftsküche zur Selbstverpflegung. Außerdem gibt es einen kleinen, eingezäunten Campingplatz mit einem festinstallierten Wohnwagen, Platz für einige Zelte, Strom, Wasser, Dusche und WC.

Alles ist umrahmt von vielen grünen Pflanzen, teils in Töpfen als Elemente der Baumschule und anderen angepflanzten, wie Rosmarinsträucher, Mandelbäume, Olivenbäume, Johannisbrotbäume, Palmen und viele mehr.

Katzen, ein paar Hunde, Hühner, die zwei Pferde und wild lebende Vögel sorgen für tierische Abwechslung.

www.quintadafortuna-pt.info

www.auszeit-in-portugal.info

So können Sie uns erreichen:

Quinta da Fortuna
Sabine und Dietfrid Kranich
Sitio da Fornalha, Ap. 95
8700-072 Moncarapacho
Portugal

email: d.kranich@web.de für Dietfrid
         psychokranich@hotmail.com für Sabine

Tel. 00351-289792190

Und das sind wir!